Werner Herzog
Die Dichter von Madrid

Werner Herzog

Die Dichter von Madrid

Ein
literarischer Streifzug
durch
Cafés und Bars

Rotbuch Verlag

Die Puerta del Sol, Ausstrahlungsort der Literatur

Inhalt

Ouella 7

STO. DOMINGO
CALLAO Gran
Plaza del Callao
Compañía Telefónica
Red de San Luis
JOSÉ ANTONIO
Gran Vía
C. de la Libert
San
Marcos
Infantas
C. Jardines
Bellas Artes
Ministerio E. y Ciencia 26 de
Ministerio de Hacienda
SEVILLA Calle 18
de
Alca
S. Je
Plaza del Carmen
C. de la Aduana
de
de las Palmas
de los Aljibes
Pl. del Carmen
de
C. de Sevilla
C. de Arlabán
19
43
Plaza de las Cortes
48
C. del Celenque
C. del Arenal
PI. Plaza SOL
Puerta del Sol
Carrera
Plaza de Canalejas
30
de
S. Je
Mayor
DGS
C. de Carretas
Plaza Pontejos
S. Ricardo
Pje. Matheu
Pozo
Príncipe
Echegaray
Ventura de la Vega
36
Plaza Mayor
Sal
C. Espoz y Mina
Cruz
Prado
Plaza de Santa Ana
C. de la Paz
Álvarez Gato
Manuel F. González
León
Leganitos
M.A.E.
Audiencia
Calle 16
Plaza de Benavente
21
Plaza del Ángel
Infante
Pral. Matute
Quevedo
Lope
Toledo
Jerónima
20
24
C. de Relatores
Luis V. de Guevara
C. de Cañizares
de
47
Amor de Dios
Catedral de S. Isidro
C. de la Magdalena
Antón Martín
Plaza 63
ANTÓN MARTÍN
TIRSO DE MOLINA
Plaza de Tirso Molina
C. de la Cabeza
60
81
Plaza D. de Alba
Duque de Alba
Calvario
C. Rosa
Olmo
Torrecilla del Leal
85
LA LATINA
Plaza de Cascorro
C. de la Encomienda
C. dos Hermanas
Comadre
S. Simón
C. Tres
Peces
30
C. San Ildefonso
C. de los Abades
Min. Chica
Esperanza
Zurita
49
C. del Oso
C. Cabestreros
San Carlos
Primavera
Escuadra
Trv. Primavera
Plaza de Lavapiés
LAVAPIÉS
C. de la Fe
Dr. Piga
Salitre
C. Cosme y S. Damián
Fray Celestino González
San Cayetano
C. Caravaca
Sombrerete
PI. La Corrala
Tribulete
13
Huerta del Bayo
C. Peña de Francia
Sol
Provisiones
Sombrería
C. Sombrerería
20
Casino
Amparo
Valencia
C. Mallorca
4
Ronda de Toledo
Ronda de Valencia
Argumosa
26
22
37
C. José Antonio Armona
27
Glorieta de Embajadores
EMBAJADORES
Acacias
Alfonso del Barco
Sebastián
Elcano
Santa M

VOM
SCHWATZEN
UND
TRINKEN

[handwritten note: Círculo de Bellas Artes]

Reden ist Silber, Schweigen ist Gold. Befolgten die Spanier diese Weisheit, wären sie keine Spanier. Das Reden in all seinen Formen genießt bei ihnen einen hohen Stellenwert – es ist Gold und erheitert das Leben. Das gilt auch für die Madrilenen. Ihre Vorfahren sind aus allen Ecken und Enden des Landes in die Hauptstadt gezogen, um ein Auskommen zu finden. Nun bilden sie zusammen Spaniens größtes Dorf. Es zählt drei Millionen Einwohner.

Zum Plaudern finden die Madrilenen immer Muße, am besten in einer Bar. Davon gibt es mehr als genügend. Die Zahl der Bars, Stehkneipen und Cafeterías in der Hauptstadt ist beinahe beängstigend groß. In manchen Straßen steht alle dreißig Meter eine dieser Eß-, Trink- und Schwatzstuben. Sie füllen sich ein erstes Mal zur Frühstücksstunde und dann erneut gegen elf Uhr. Dann strömen aus den Ministerien und Kanzleien alle Sekretärinnen und Beamten, die zu spät aufgestanden sind, und holen ihr Frühstück nach. Am Tresen vermischen sie sich mit Arbeitern, die bei Sandwich und Bier ihre Morgenpause einlegen. Zur Zeit des Aperitifs plaudern viele Männer und auch Frauen am Tresen stehend zu einem Glas und einer tapa (die manchmal unwiderstehlichen Häppchen), bevor sie nach Hause fahren oder in einem Restaurant essen. Gegen sechs Uhr erscheinen Señoras, um der Merienda (Vesperbrot) zu huldigen und bei einer heißen Schokolade und einem dicken Stück Kuchen Nachrichten auszutauschen. Nach acht oder halb neun Uhr ist wieder Aperitif-Zeit. Für das Empfinden von Ausländern reden die Spanier sehr laut, auch kleine Gruppen vollführen manchmal einen Lärm, der das ganze Lokal füllt. Da die Gäste meist gedrängt am Tresen stehen, müssen sie den Nachbarn übertönen, um gehört zu werden. Wieso die Spanier in Bars und Kneipen vorwiegend stehen, bleibt ein Geheimnis. Aus Genügsamkeit? Aus Ungeduld? Oder passen mit wenig Stühlen und Tischen einfach mehr Leute ins Lokal?

Die Madrilenen halten sich lieber auf der Straße als zu Hause auf und kommunizieren vorwiegend mündlich. Sie haben deshalb weniger Zeit zum Lesen oder gar zum Briefeschreiben. Die Statistiker haben dies, wie alle anderen Lebensregungen, in Zahlen gefaßt und ausgerechnet, daß in Spanien auf 1000 Einwohner 105 Exemplare von Tageszeitungen entfallen. Damit liegt das Land auf den hintersten Rängen der europäischen Tabellen.

Die Deutschen lesen beinahe drei Mal so viel Tageszeitungen. Noch 1990 kauften 63 Prozent der spanischen Erwachsenen das ganze Jahr kein Buch. Dafür schauten sie um so mehr fern. Die Deutschen lesen in sich hinein, die Spanier schwatzen aus sich heraus. Ist es das? Das reichliche Reden hat jedenfalls eine klar therapeutische Wirkung (Statistiker vergleichen die Selbstmordraten). Wichtiger als der Inhalt ist vielfach das Reden an sich. Männer besuchen Kneipen in Gruppen, um sich bei einem chato (einem Gläschen Rotwein) oder einer caña (einem Glas Bier) zu unterhalten und die neuesten Witze zu erzählen. Geht die Runde auseinander, bezahlt meist einer die gesamte Zeche; die Madrilenen machen sich eine Ehre daraus, Freunde und Kumpane einzuladen. Da jedermann irgendwann einlädt und eine Runde spendiert, geht die Rechnung am Schluß wieder auf. Es wäre sehr ungeschickt und auch unedel, darauf zu beharren, das eigene Getränk selber zu bezahlen.

Die Bar, Treffpunkt für den Schwatz

Die Madrilenen haben ausgiebig Zeit zum Plaudern. Einfache Bars und Restaurants sind bis um zwei Uhr, Bars mit Unterhaltung bis fünf Uhr dreißig in der Frühe offen. Das erlaubt fast endlose Bar-Rundgänge, die dann enden, wenn die erste Untergrundbahn durch die Tunnels rumpelt.

Vielen Fremden ist es ein Rätsel, wann die Madrilenen schlafen. Sie sehen sie abends im Kino (die letzte Vorstellung beginnt um 22 Uhr 45, am Wochenende gibt es Nachtsitzungen mit Beginn um ein Uhr), im Restaurant oder weit nach Mitternacht beim Bechern oder in Diskotheken. Am folgenden Morgen sind sie zu fast normaler Stunde wieder an der Arbeit. Kommen sie mit weniger Schlaf aus? Das Rätsel wird am Wochenende gelöst, am Samstag- und Sonntagmorgen schläft Madrid. Wer am Wochenende um zehn Uhr auf die Straße tritt, findet eine gespenstische Ruhe und Leere. Statistisch ist erwiesen, daß zwei Drittel der Jugendlichen an diesen beiden Tagen nach 12 Uhr aufsteht. Telephonanrufe vor elf Uhr gelten am Wochenende als unhöflich.

*Kneipenstimmung 1903: die Schriftsteller Pío Baroja (mit
Zigarette) und Azorín (mit Schal)*

Die Jugendlichen machen an den Wochenenden die
Nacht zum Tag. Es kann durchaus vorkommen, daß in
den Ausgeh- und Vergnügungszonen, vor allem im
Huertas-Viertel, der Verkehr morgens um zwei oder drei
Uhr zum Erliegen kommt, mit Staus muß um diese Zeit
jedenfalls gerechnet werden, sie sind eine natürliche Folge
der Nachtschwärmerei. Die fast rabiate Lust der Madrilenen, auszugehen und sich zu vergnügen, ist in den achtziger Jahren in ganz Europa unter dem Begriff »Movida«
bekannt geworden. Erfunden haben das Wort exilierte
Argentinier, die erstaunt feststellten, daß die spanische
Hauptstadt nachts noch lebendiger als Buenos Aires war.
Der Madrider Bürgermeister Enrique Tierno Galván eig-
nete sich den Ausdruck an und warb mit der Movida für
seine Stadt. Die Madrilenen pflegen ihren Ruf, fröhlich
und unbekümmert aus der Reihe zu tanzen und das Da-
sein lustvoll als Chaos zu leben.

Das Trinken spielt eine besondere Rolle, jedoch nicht,
weil die Madrilenen so tief ins Glas schauen. Der Ruf, daß

die Leute in dieser Stadt Wein wie Wasser trinken, ist falsch. In Madrid wird immer weniger Alkohol konsumiert, die Durchschnittswerte des Alkoholgenusses im ganzen Land sind in den vergangenen 16 Jahren von 13,6 Liter auf 10,2 Liter pro Person gefallen. Die Spanier trinken heute weniger Alkohol als die Deutschen und die Schweizer.

Bestellen die Hauptstädter in den Bars und Restaurants dafür um so Feineres? Haben sie eine raffinierte Trinkkultur entwickelt? Keine Spur. Wenn man in einer Bar una copa de vino bestellt, öffnet der Kellner eine halb versteckt gehaltene Flasche und schüttet den Inhalt ohne jedes Zeremoniell ins Glas. Das Etikett zeigt er nicht. Die meisten dieser Weine sind ganz einfachen Charakters und stammen aus dem Valdepeñas-Gebiet in der Mancha, wo mehr Rebstöcke als in ganz Deutschland stehen. Einen gepflegten Rioja kriegt nur, wer ihn besonders verlangt. Beim Weintrinken in den Bars und Kneipen – und selbst in Restaurants – machen die Madrilenen kein Aufhebens, es gehört dazu wie das Stück Brot, das der Kellner neben den Teller legt. In einfachen Bars der Altstadt ziehen die Angestellten die Gläser flüchtig durchs Spülwasser, stellen dann eines neben das andere und füllen alle gemeinsam, indem sie mit sichtlicher Zufriedenheit eine Flasche darüber hinwegschwenken.

Bier wird immer mehr getrunken, und zwar auf Kosten des Weins. Wein ist nach der Meinung vieler Jugendlicher für die Alten gut. Ein großes Angebot an einheimischen Bieren gibt es aber nicht. Mahou, San Miguel und Aguila sind die bekanntesten Marken. Die besten Brauer und Brauereien sind noch immer im Norden Europas zu finden. Madrilenen, die etwas auf sich halten und sich international geben, trinken Heineken, Karlsberg und mexikanisches Corona-Bier mit einem Stück Zitrone.

Kaffeetrinken ist eingefleischt. Der café solo oder der

cortado sind noch beliebter als der café con leche. Die Portionen sind nicht so groß wie im Norden Europas. Wie in Italien heißt die Devise beim Kaffee »klein, aber fein«. Guten Kaffee trinken die Madrilenen übrigens noch nicht lange. In den Zeiten der Armut – etwa von 1940 bis nach 1960 – haben sie viel Zichorie schlucken müssen. Die Kaffeehäuser sind in der zweiten Hälfte des 19. Jahrhunderts in Schwung gekommen, Madrid übernahm einfach eine Mode, die in Wien, Berlin, Paris und London begonnen hatte.

Zu den Eigenheiten der Madrilenen gehört der Fino. Er verbreitet eine aristokratische Stimmung. Vielleicht weil dieser feine und trockene Weißwein aus der andalusischen Region von Jérez de la Frontera an blitzsaubere weiße Bodegas erinnert, in denen er lagert und reift, vielleicht sind es die arabischen Zuchthengste von Jérez, die mit ihm in Verbindung gebracht werden, vielleicht ist es einfach das elegante Glas, in dem er serviert wird. Einen Fino und einige Oliven zu bestellen, kommt in Madrid noch immer gut an. Es gibt Leute, die behaupten, die Stadt sei wegen ihrer Lebensfreude ohnehin heimlich andalusisch.

Noch einheimischer ist die heiße Schokolade. Den Kakao entdeckten die spanischen Conquistadoren in Mexiko und überbrachten ihn ihrem König Karl V. Weil er bitter war, fügten sie viel Zucker und auch Gewürze bei. Die gesüßte Schokolade tranken sie mit Wasser. Jüdische Kaufleute brachten die Entdeckung im 17. Jahrhundert nach Frankreich. Das neue Getränk wurde zwar am Hofe des Sonnenkönigs ausprobiert, doch zu einem großen Erfolg sollte es nicht werden, denn eine noch neuere schwarze Brühe lief ihm den Rang ab: Venezianische Kaufleute hatten um dieselbe Zeit aus dem Orient Kaffeebohnen nach Europa gebracht.

Heute ist die Schokolade ein Getränk des einfachen Volkes. Sie wird so zähflüssig serviert, als sei sie soeben aus Mexiko gekommen. Zusammen mit warmen churros (Spritzgebäck) ergibt sie eine nahrhafte Zwischenmahlzeit. Der kurioseste Ort, »chocolate con churros« zu genehmigen, ist wohl die »Chocolatería San Ginés«. Sie liegt versteckt in der Gasse desselben Namens in der Stadtmitte und ist von sechs Uhr abends bis sieben Uhr morgens offen. Schokolade scheint jedoch eine Erinnerung an frühere Zeiten zu sein, in vielen Bars steht sie nicht mehr auf der Getränkekarte.

Viel beliebter sind Kaffee, Bier und stärkere alkoholische Getränke, allen voran Gin und Rum in Longdrinks. Männer, die durch die Gassen torkeln, sind in Madrid hingegen selten, betrunken zu sein ist kein Zeichen, daß einer ein ganzer Kerl ist, es ist nur unfein. Im Morgengrauen des Samstags und Sonntags geschehen allerdings Verkehrsunfälle, die ohne Alkoholeinfluß nicht zu erklären sind. Die Polizei kontrolliert vermehrt, und 1998 setzten die Behörden mutig den zulässigen Alkoholgehalt im Blut von 0,8 auf 0,5 Promille hinunter. Die Madrilenen protestierten nicht. Wahrscheinlich, weil sie die Maßnahme gar nicht zur Kenntnis nahmen.

DIE TERTULIA – EINE INSTITUTION

*Drei berühmte
Tertulianer:
José Ortega y
Gasset,
Manuel Azaña
und Gregorio
Marañón*

Drei Dinge sind im Leben ausschlaggebend: der Beruf, der Zivilstand und die Wahl des Kaffeehauses.

Diese Weisheit der Tertulianer ist so alt, daß ihr dritter Teil etwas aus der Mode gekommen ist. Heute stehen die Madrilenen nicht mehr vor der schwerwiegenden Entscheidung, welches Café sie zu ihrem Stammhaus machen sollen. Sie versammeln sich nicht mehr so oft wie früher um einen Tisch oder an einem Tresen, um Neuigkeiten auszutauschen, weil sie viel zu viele Dinge tun und deshalb weniger Zeit als früher haben. Die wirtschaftliche und politische Integration in die Europäische Union hat das Land verändert. Die Spanier wollen aufholen, in den vergangenen zwanzig Jahren ist ihr Arbeits- und der Lebensrhythmus einiges hastiger geworden. Der zweite Grund ist wohl das Fernsehen: der Guckkasten liefert so schnell und umfassend Informationen, daß diese nicht erst im Kaffeehaus erfahren werden müssen.

Ausgestorben ist die Tradition des Stammcafés aber keineswegs. Es gibt noch immer Leute, die zur Sicherheit zwei Adressen angeben: ihren Wohnort und den Namen ihrer Bar oder des Cafés, in dem sie absteigen.

Die Weisheit bezieht sich auf eine alte Einrichtung, die Tertulia. Tertulia ist ein genuin iberischer Ausdruck und ungefähr mit Kaffeehaus-Stammtisch zu übersetzen. Genauer besehen ist sie mehr als das, nämlich eine Art, in der Welt zu stehen – ein Lebensstil. Wer an einer Tertulia teilnimmt, sollte außer der Lust am Schwatzen andere spezifische Eigenschaften haben: Phantasie, Schalk und Toleranz. Die Tertulia ist die gehobene und einigermaßen geordnete Art des Schwatzens, sozusagen das Eliteschwatzen. In der spanischen Hauptstadt hat sie einen enormen Erfolg gehabt und ist zur allseits respektierten und manchmal sogar gefürchteten Institution geworden.

> Tertulia: Versammlung von Personen, die sich regelmäßig treffen und über ein Thema sprechen, freundschaftlich miteinander plaudern oder sich einer ehrlichen Freizeitbeschäftigung widmen.
> WÖRTERBUCH DER KÖNIGLICHEN SPRACHAKADEMIE

> Die Tertulia ist ein besonderer Charakterzug der spanischen Literatur und der spanischen Schriftsteller.
> WÖRTERBUCH DER SPANISCHEN LITERATUR

Ihre Blütezeit hatte die Tertulia ohne jeden Zweifel zwischen 1900 und dem Ausbruch des Bürgerkriegs 1936. Schon damals war Madrid die Stadt mit den längsten und animiertesten Nächten. Allein an der Calle de Alcalá und ihrer Umgebung gab es Dutzende von Künstler-Stammtischen. Viele Literaten nahmen an mehreren von ihnen teil, verbrachten also einen wesentlichen Teil des Tages und der Nacht in Cafés.

Auch die berühmtesten von ihnen gehörten dazu. Der Philosoph und Schriftsteller José Ortega y Gasset (1883–1955) etwa führte selber eine Tertulia an, zuerst im Café »Granja del Henar« an der Calle de Alcalá und dann in den Redaktionsräumen der Zeitschrift »Revista de Occi-

Tertulia am Ende des 19. Jahrhunderts im
»Café Levante«

dente«. Der Nobelpreisträger Camilo José Cela (geb. 1916) war ein vielgesehener Gast im Café Gijón. Der Schriftsteller Miguel de Unamuno (1864–1936) fürchtete sich regelrecht vor Madrid, denn für ihn waren die Tertulias eine unwiderstehliche Versuchung. Jedesmal, wenn er sich nachts zurückzog, schwor er sich, nicht mehr daran teilzunehmen – und ging am nächsten Tag wieder hin. Unamuno argwöhnte, er verschwende seine Schaffenskraft im Kaffeehaus.

Der Schriftsteller Azorín (1873–1967) war ein Gegner der Tertulias. »Das Schwatzen und das Zuhören ermüden mich, ich bin ein Kaffeemuffel«, schrieb er. Und dennoch: Wenn er morgens das Haus zum Spazierengehen verließ, nahm er sich vor, in eines der schönen und großen Kaffeehäuser einzutreten und dort wenigstens einige Seiten zu schreiben, wie es viele Berufskollegen und Journalisten taten. Doch Azorín fürchtete sich, dem Verlangen nachzugeben. »Die Leute würden mich erstaunt anstarren, und

16

dann könnte ich nicht normal schreiben«, meinte er. Ein schwieriger Fall war auch der andalusische Poet Juan Ramón Jiménez (1881–1956), der Autor des bezaubernden Bändchens »Platero y yo«, der im Exil starb. Juan Ramón war ein Purist. Er konnte nur in der absoluten Stille Verse schmieden und haßte die Kaffeehäuser. Schon das Knirschen einer Straßenbahn oder der Ruf einer Kastanien-Verkäuferin unter seinem Fenster brachten ihn aus dem Gleichgewicht.

Der Ursprung des Wortes hat mit dem Kirchenvater Tertullian zu tun, obwohl viele Tertulianer den Spieß umdrehen und meinen, Tertullianus habe so geheißen, weil er an vielen Tertulias teilnahm. Der Philologe Joan Coromines findet es in seinem Etymologischen Wörterbuch der kastilischen Sprache ziemlich wahrscheinlich, daß im 17. Jahrhundert die gelehrtesten Personen den Namen Tertulianos erhielten, weil dieser Theologe damals in Predigten und Zusammenkünften oft erwähnt wurde. Ursprünglich wurden die Ränge eines Theaters, aber auch mehr oder weniger gelehrte literarische Zirkel, in denen sie sich zu treffen pflegten, so genannt. (...) Tertullianus und die Sekte, die er gründete, pflegten ziemlich heterodoxe Gedanken. Sie machten die Kirche und die Kirchenoberen schlecht. Vielleicht hat dies dazu geführt, daß den Tertulias ein Schuß Ketzerei innewohnt. Die Ausstreuung von Gerüchten, Kritik oder auch gutmütige Stichelei haben an den Tertulias durchaus ihren Platz.

Luis Carandell, in »Las Habas contadas«, S. 187

Die Tertulia unterscheidet sich vom Bargespräch, daß die Teilnehmer sich dazu hinsetzen, sich viel Zeit nehmen und Regeln beachten, die allerdings nirgendwo aufgeschrieben sind. Die oberste Norm ist die Regelmäßigkeit. Die Stammtische finden immer am selben Ort und zur selben Zeit statt. Früher waren vor allem die Kaffeestunde nach dem Essen und die Nächte für Tertulias prädestiniert, heute treffen sich Tertulianer vermehrt zum Essen oder zur Stunde des Aperitifs. Früher fanden viele Tertulias täglich statt, heute sind wöchentliche Stammtische die Regel.

Selten verläßt ein Teilnehmer die Gesprächsrunde vorzeitig, sonst muß er damit rechnen, daß seine Kollegen die Abwesenheit nutzen, um ihn zu kritisieren und hochzunehmen. Neckereien, Schabernack und Spott gehören dazu. Tradition und Anstand verlangen aber, daß diese Gespräche nicht verbreitet werden. Ein literarischer Stammtisch, der sich in den achtziger Jahren im Café-Restaurant »Alabardero« neben dem Opernhaus versammelte, machte es sich zum Beispiel zur Gewohnheit, jährlich einen Preis für den dümmsten Landsmann zu verleihen. Er bestand in einer Kreide, die an einer Halskette befestigt war. Die Anspielung war auch für Dumme klar. Ein kastilisches Sprichwort heißt: »Er vergnügt sich wie ein Dummkopf mit einem Stück Kreide«. Einer der Teilnehmer erklärte jeweils dem Prämierten, er sei der glückliche Gewinner einer besonderen literarischen Auszeichnung. Dann erläuterte er ihm die wahre Natur des Preises, aber veröffentlicht wurde der Name der derart Geehrten nie.

Es gibt Tertulias von Literaten, Bildhauern, Rechtsanwälten, Ingenieuren, Theaterleuten und weitere mehr. Die meisten von ihnen sind heute »geschlossen«, d. h., die Teilnehmer sind festgelegt. Einer führt den Vorsitz und lenkt die Diskussion in Bahnen, wenn sie auszuufern oder abzusacken droht. Die bekanntesten Persönlichkeiten, die

Tertulias geleitet haben, sind der Intellektuelle und Politiker Manuel Azaña (1880–1940), der während des Bürgerkriegs Staatspräsident war, der bereits erwähnte José Ortega y Gasset, Federico García Lorca (1898–1936), der literarische Tausendsassa Ramón Gómez de la Serna (1888–1963) und sein Gegenpart, der galicische Dichter und Bohemien Ramón del Valle-Inclán (1866–1936). Auf die beiden Ramóns komme ich später zurück.

Walter Starkie, ein englischer Hispanist und literarischer Abenteurer, hat beschrieben, in welche Gefilde sich ein von Ortega y Gasset angeführtes Stammtisch-Gespräch begeben hat.

> Die Plauderei begann mit dem Niedergang des Westens, führte zum Stierkämpfer Belmonte und zu Velázquez' Gemälde »Die Betrunkenen« und streifte dann die neueste Stilrichtung von Picasso. Dann wurde die kämpferische Rede von Largo Caballero, des spanischen Lenins, und zum Schluß das Thema der Serenos, der Madrider Nachtwächter, dieser schönen Überbleibsel aus der Feudalzeit, unter die Lupe genommen.

Jeder Teilnehmer fabuliert am Gespräch mit. Absolut verpönt ist es hingegen, seine Meinung in langen Reden vorzutragen oder gar wissenschaftliche Abhandlungen – und seien es die eigenen – vorzulesen. Solche Tertulianer gelten als pelmas – Langeweiler. Es ist allerdings vorgekommen, daß Tertulianer Treffen geleitet haben, als säßen sie auf Lehrstühlen. Ortega y Gasset und Unamuno gehörten zu ihnen.

> Nie fühle ich mich spanischer als in einem Café.
> Santiago Ramón y Cajal, Nobelpreisträger
> für Medizin und begeisterter Kaffeehausgänger

19

Früher waren viele Tertulias für Außenstehende offen. Das gab allerlei Kritikastern, Müßiggängern und Bohemiens die Möglichkeit, den Tag produktiv zu verbringen. Vor dem Krieg waren einige Bohemiens stadtbekannt und berüchtigt.

Enrique Cornuty zum Beispiel, der irgendwoher aus Frankreich stammte. Er sprach ein näselndes Spanisch und genoß an den Stammtischen Respekt. Cornuty behauptete nämlich, er sei ein Freund des französischen Boheme-Poeten Verlaine gewesen und habe dessen letzte Tage mit ihm verbracht. Pedro Luis de Gálvez war gefürchtet. Weil er von seiner Schreibe nicht leben konnte, verlegte er sich aufs Betteln; in diesem Fach entwickelte er ein ungeahntes Talent. Einmal ging Gálvez zu weit. Er trug eine große Schachtel unter dem Arm, erklärte den Passanten und Tertulianern, sein Kleinkind sei gestorben und er habe nicht einmal Geld zum Begräbnis. Dazu öffnete er die Schachtel. Tatsächlich lag der Leichnam eines Säuglings darin, den er irgendwo aufgetrieben hatte.

Lange waren die Tertulias reine Männersache. Frauen gehobenen Standes, die an Kunst und Literatur interessiert waren, hielten im 19. Jahrhundert nach französischem Vorbild bei Kaffee und heißer Schokolade Salons in Privathäusern ab. Die weltgewandte galicische Romanschriftstellerin Emilia Pardo Bazán (1851–1921) führte um die Jahrhundertwende in einem dieser aparten Salons eine Tertulia an. Ihr Portrait hängt – neben hundert Männergesichtern – im Gebäude des Athenäums. Nach 1910 ging die frauenfeindliche Tradition zu Ende. Doña Emilia besetzte 1916 in Madrid als erste Frau einen Lehrstuhl für Literatur. Die Poeten der Generation von 1927 luden zu ihren Treffen ohne Umschweife Freundinnen und Ehefrauen ein.

Das wichtigste und schönste der Tertulia aber ist es, daß sie keinen ersichtlichen Zweck verfolgt. Es genügt, wenn die Teilnehmer ihren Genius entfalten und Ideen, Gedankensplitter und spontane Bonmots durcheinanderwirbeln lassen und ein schöpferisches Magma schaffen.

Die Tertulia muß kein Ergebnis bringen, wirkt jedoch befruchtend. Sie ist die Vorstufe zum geschriebenen Werk, das geistige Treibhaus, in dem viele Journalisten und Literaten Material für ihre Seiten und Politiker Ideen für Taten holten. Je geist- und einflußreicher die Mitglieder einer Tertulia waren, desto stärker bereicherten sie ihr eigenes und das öffentliche Leben. In diesem Sinne konnte Ramón del Valle-Inclán behaupten, ein einziges Kaffeehaus – er meinte das heute verschwundene »Café de Levante« an der Puerta del Sol – habe die Literatur und die zeitgenössische Kunst Spaniens »mehr als zwei oder drei Universitäten und Akademien« beeinflußt.

Die Tertulias wirkten auch auf das politische Leben ein, ohne Politik sind sie nicht zu verstehen. Die Kaffeehäuser waren nämlich auch Orte des Protests gegen die herrschende Ordnung. Künstler und Denker, Politiker, Bohemiens und Anarchisten versammelten sich dort, weil es ihnen anderswo unmöglich war, sich zu Wort zu melden. Für sie war das Kaffeehaus eine Tribüne und ein Ersatzparlament, in dem sie rebellische Gedanken schmiedeten und verbreiteten.

Je größer ihre Frustration war, desto revolutionärer fielen ihre Ideen aus. In den ersten öffentlichen Tertulias um 1820 stiegen die Redner auf Tribünen und Tische und forderten den Sturz der Monarchie. Ramón Gómez de la Serna hat diese Situation in einer »Greguería«, einem seiner ironischen Sinnsprüche, zusammengefaßt und geschrieben: »Das Kaffeehaus ist wie ein Staatsrat der Männer, die nie konsultiert werden, in allen Angelegenheiten aber das letzte Wort haben möchten.« Drastischer ausgedrückt: Die Tertulias sind aufgekommen und haben lange gewährt, weil es an Demokratie mangelte. Dies ist auch ein Grund, warum sie heute in ihrer alten Form im Niedergang begriffen sind. Die Tertulia als Hort für Andersdenkende ist nicht mehr notwendig.

> Wir Schriftsteller wußten, daß wir auf der Straße
> nichts galten. Deshalb gingen wir ins Café
> Gijón: um Gewicht und Geltung zu erlangen.
> FRANCISCO UMBRAL IN »LA NOCHE QUE LLEGUÉ
> AL CAFÉ GIJÓN« (1980)

> Im Kaffeehaus schmiedet der Tertulianer unsere
> Kultur. Er fühlt seine Misere – und genau das
> macht seine Größe aus. MIGUEL DE UNAMUNO

Die ersten Tertulias sind in Spanien im 17. Jahrhundert belegt. Es waren Treffen von Aristokraten nach dem Vorbild der italienischen und französischen Akademien. Später gab es literarische Salons in Villen und Palästen. Die erste öffentlich zugängliche Tertulia fand nach 1770 in der Herberge San Sebastián neben der heutigen Plaza de Santa Ana statt. Ihre Initiatoren waren die Theaterautoren José Cadalso (1741–1782) und Nicolás Fernández Moratín (1737–1780). Schon damals wurde diese neue Einrichtung von konservativen Kräften angefeindet. 1785 schrieb der Priester Gabriel Quijano ein Buch gegen dieses Laster und den »unnützen Zeitvertreib«.

Die zweite gut bekannte Tertulia hatte ihren Sitz in der Gaststätte »Fontana de Oro« bei der Puerta del Sol. Die Romantiker um den Poeten José de Espronceda (1808–1842) versammelten sich nach 1830 in einem Lokal, das neben dem »Teatro del Príncipe« (dem heutigen Teatro Español) lag und rasch als »Parnasillo« bekannt wurde (Das Lokal heißt noch heute so, befindet sich an der Calle del Príncipe 33, ist allerdings in einen irischen Pub verwandelt worden; Dichter-Portraits an seinen gekachelten

Außenwänden erinnern an damals). Dort rezitierten sie Gedichte, kritisierten Theaterstücke und heckten Schildbürgerstreiche aus. Sie müssen trotz allem sehr bescheiden gewesen sein, denn nach den Chronisten tranken sie nur Kaffee, heiße Schokolade, Sorbets, Gersten- und Zitronenwasser, also kaum Alkohol. Vielleicht ist der spanische Romantizismus deshalb so zahm ausgefallen. Ihr Lokal war dürftig eingerichtet und bestand aus einem einzigen Raum, in dem einige Stühle und Holztische auf einem lottrigen Steinfliesenboden standen. An den Wänden brannten Ölfunzeln. Doch dieser Ort hatte großen Zustrom.

Aus der Dichter-Runde im »Parnasillo« gingen auch zwei Zeitungen, »El Mundo« und »El Redactor General«, hervor. Später gaben fast alle literarischen Tertulias, die etwas auf sich hielten, Zeitschriften heraus. Die bekanntesten und wichtigsten von ihnen wurden die erwähnte »Revista de Occidente« von José Ortega y Gasset und »Cruz y Raya« der Poeten-Generation von 1927.

Lange Zeit waren die Kaffeehäuser verraucht, eng und ziemlich schmutzig. Der Chronist Mariano Tudela verzeichnete um die Jahrhundertwende in der Stadtmitte oder ihrer Nähe um die hundert Cafés, die für Tertulias tauglich waren. Um diese Zeit waren die Kaffeehäuser bereits komfortabel eingerichtet, einige waren luxuriös. Besonders bewundert wurde das »Café Fornos« an der Calle de Alcalá, das 50 Jahre lang eine Attraktion der Stadt war. Das »Fornos« war geräumig, hatte Plüschdiwans, Säulen, hohe Wandspiegel und war, obwohl die Gesetze es verboten, Tag und Nacht offen. Am frühen Abend erschienen bürgerliche Ehepaare, tranken ihre heiße Schokolade und versuchten, die Ambiance zu schnuppern, die jeweils zur Nachtzeit herrschte. Nach den Theatervorführungen füllte sich das Café. Dann trafen auch die Artisten ein, begannen die Tertulias. Diese fanden vorwiegend im ersten

Stockwerk statt, in dem sich numerierte Séparées befanden. Nach Mitternacht gehörte das Café Fornos den Reichen, den Künstlern und den Frauen der Demi-Monde. Einige von ihnen waren stadtbekannt. Da war die »Nunciata«, die sich als erste die Haare blond färbte und damit herumstolzierte, die elegante Sängerin Rosarito Huerta, die der Schriftsteller Benito Pérez Galdós in seinen »Episodios Nacionales« verewigte, die streitbaren Paz Villavicencio und Lolita, die im Morgengrauen im Retiro-Park wegen der Liebe zu einem Torero mit dem Florett duellierten. Im »Fornos« tauchte auch Mata Hari auf. Vor einem Sonderausgang warteten jeweils bis in die Morgenstunden schlafend Kutscher, bis die Reichen mit ihren Geliebten das Séparée verließen.

Zu den Stammgästen gehörte auch der herrenlose und schlaue Hund Paco. Paco ruhte auf einem Plüschdiwan und wurde von den Gästen gehätschelt und verwöhnt. Einige Tertulianer nahmen ihn ins Theater und andere zu Stierkämpfen mit, wo er keck in die Arena sprang und die Stiere anbellte. Hier kam Paco auch ums Leben; ein schlechtgelaunter Torero machte ihm mit einem Degenstich den Garaus. Am Tage darauf standen in Madrider Zeitungen mehrere rührende Nachrufe auf den Hund.

1. DER MITTELPUNKT ALLER DINGE

Fällt ein Stein auf die Puerta del Sol,
verbreiten sich auf der ganzen spanischen
Lagune konzentrische Wellen.

RAMÓN GÓMEZ DE LA SERNA, »GREGUERIAS«

Ein literarischer Spaziergang durch Madrid beginnt an der Puerta del Sol. Das ist so eindeutig wie die große Uhr auf dem Hauptgebäude des Platzes tickt und die Inschrift auf dem Bürgersteig davor den »Kilometer Null« – das Zentrum des spanischen Straßennetzes – verkündet. Die Puerta del Sol ist der Mittelpunkt der Stadt.

Sicher, Madrid hat sich in den vergangenen Jahren weit in den Norden ausgebreitet. In den Geschäftshochhäusern der neuen Viertel haben sich wirtschaftliche Zentren entwickelt. Doch wenn es um Geschichte und Kunst geht, zählt nur die Gegend der Puerta del Sol.

Die Madrilenen spüren das. Viele von ihnen beginnen ihren traditionellen Wochenend-Stadtbummel an der Puerta del Sol. In der Sylvesternacht versammeln sie sich auf diesem Platz, um im Gleichtakt mit den letzten Glockenschlägen des Jahres zwölf Traubenbeeren zu essen und mit der Gewißheit ins neue Jahr zu rutschen, daß dieser

Verwittert, aber weiter vorhanden: Der Kilometer 0 der
spanischen Straßen an der Puerta del Sol

Brauch Glück bringt. Kundgebungen aller Art pflegen auf
dem Platz zu enden, wichtige politische Ereignisse spielen
sich hier ab. Das allerwichtigste in diesem Jahrhundert
war die Ausrufung der II. Republik am 14. April 1931.
Es war ein denkwürdiger Tag. Der Platz war rammelvoll,
begeistert schwenkten Demonstranten auf den Dächern
von Straßenbahnen Fahnen.

Im 16. Jahrhundert lag an der Puerta del Sol, dort, wo
die Calle del Arenal und die Calle Mayor einmünden, die
Madrider Gerüchteküche. El Mentidero – Lügenplatz –
nannten ihn die Städter. Auf den Treppenstufen der inzwischen verschwundenen Kirche San Felipe el Real versammelten sich Höflinge, Soldaten, Kaufleute, Müßiggänger,
Halsabschneider und redliche Bürger, tauschten Nachrichten aus und setzten Gerüchte in die Welt. »Vom
Mentidero verbreiten sich die Ereignisse bevor sie überhaupt stattfinden«, schrieb um 1600 der andalusische
Dichter Luis Vélez de Guevara.

Auf jenen Treppen erstach in einer dunklen Nacht des
Jahres 1622 ein Vermummter den Dichter, Grafen und

26

amourösen Abenteurer Juan de Villamediana. Nachher ging vom Mentidero das Gemunkel aus, der junge König Philipp IV. habe einen Mörder gedungen, um den heimlichen Liebhaber seiner erlauchten Gattin, Doña Isabel de Borbón, aus der Welt zu schaffen.

Über die Puerta del Sol fuhr jedes Jahr um die Osterzeit das Königspaar, um sich mit dem gesamten Hofgesinde von seinem Schloß am Oriente-Platz auf den Sommersitz, den Retiro, zurückzuziehen. Vielleicht deshalb verbreitete sich später das Sprichwort, eine Prozession, eine Hochzeit oder eine Taufe, deren Teilnehmer nicht über die Puerta del Sol führen, sei nichts wert.

Die Puerta del Sol ist architektonisch ein verunglückter Halbkreis. Die Fassaden ihrer Häuser leuchten in der Sonne jedoch so schön weiß und gelb, und der Verkehr ist so rege, daß es niemand wirklich merkt. Der Platz wurde mindestens ein halbes Dutzend Mal umgebaut – und wird es sicher bald wieder. Immer war er aber ein Spiegelbild des Landes, in dem auch die krude Wirklichkeit zu sehen war. Früher umstanden ihn nicht nur Kirchen, sondern auch ein Bordell (es hieß »La Solera« und wurde von Philipp II. ausdrücklich erlaubt) sowie ein Hospiz für Findelkinder. Die Madrilenen versammelten sich am Platz, wann immer sie Gefahr witterten oder Neues in der Luft lag. 1766 rebellierten sie gegen den allzu aufgeklärten Minister Esquilache, der die Capa, ihren traditionellen langen ärmellosen Mantel, verbieten wollte, mit dem sich die Armut verdecken und das Gesicht so gut vermummen ließ. Am 1. Mai 1808 pfiffen sie dort den französischen General Murat aus, der im Namen Napoleons die Hauptstadt besetzte. Am Tag darauf griffen sie zu den Waffen. Später bewunderten sie an der Puerta del Sol Neuheiten: die ersten Gaslampen, die ersten öffentlichen Pissoirs und, im Jahre 1871, die erste, von Maultieren gezogene, Straßenbahn.

Die Straßenbahn rief ein ungeahntes Problem hervor, das die Intellektuellen in den Kaffeehäusern am Platz diskutierten. Es ging um das Geschlecht. Die Frage war, ob die Erfindung »el tranvía« oder »la tranvía« heißen sollte. Das bekannteste Kaffeehaus war das »Levante«, in dem später Schrifsteller wie Pío Baroja (1872–1956), Azorín, die Brüder Manuel und Antonio Machado (1874–1947, bzw. 1875–1939) und der sublime Poet und hoffnungslose Trinker Rubén Darío (1867–1916) verkehrten. Die Kaffeehäuser mochten noch so unbequem sein, sie waren Treffpunkt für politische und literarische Weltverbesserer, für Zaungäste aller Art und zugleich willkommener Arbeitsort für ambulante Bartscherer, Buchverkäufer, Schuhputzer und Taschendiebe. Im »Café Imperial« trafen sich die Studenten, im »Oriental« und im »Las Columnas« Journalisten, Politiker, Schachspieler, Philosophen des Stierkampfs, Händler und Kaufleute. Die Puerta del Sol war derart als Schwatz- und Treffpunkt bekannt, daß einzelne Geschäfte zu Notmaßnahmen griffen. Sie hängten Schilder aus, auf denen stand: »No se permiten tertulias« – Plaudertreffen verboten.

> Die Puerta del Sol ist Spaniens Mittelpunkt.
> Wir sprechen vom moralischen Mittelpunkt.
> Der geographische liegt auf dem Hügel San Blas.
> Die Persönlichkeiten mit dem größten geistigen
> Gewicht, dem größten Tiefgang und der meisten
> Bedeutung, diejenigen, die wie ich die Substanz
> der Nation verkörpern, versammeln sich jeden
> Tag an der Puerta del Sol.
> AZORÍN, UNBESCHEIDEN, IN: »MADRID, GUÍA
> SENTIMENTAL« (1918)

Das 20. Jahrhundert ist mit den Kaffeehäusern an der Puerta del Sol und ihrer Umgebung grausam umgegangen.

Eins nach dem anderen verschwand – verschluckt von Banken und Geschäften. An der nahen Calle de Alcalá, die zu Beginn des Jahrhunderts Madrids Prunk- und Flanierstraße war, konnten sich auch ehrwürdige Etablissements, in denen die Tertulias geblüht hatten, nicht halten. Das »Café Fornos«, das »Café Suizo«, in dem der romantische Poet Gustavo Adolfo Becker (1836–1870) verkehrte, der zum Leidwesen seiner späteren Anbeter weder blaß noch arm war, die »Granja del Henar«, das Stammhaus des immer elegant und aristokratisch auftretenden Schriftsteller-Philosophen Ortega y Gasset, das »Café de la Montaña«, in dem sich die Theaterleute um den Nobelpreisträger Jacinto Benavente (1866–1954) und um Ramón del Valle-Inclan scharten, das »Café Marfil«, das »Café Inglés«, das »Café de Madrid« und die »Horchatería de Candela«, in der von Zeit zu Zeit ein junger, forsch dreinblickender Maler namens Pablo Ruiz Picasso auftauchte: Wo sind sie alle geblieben?

Die heimtückische Ermordung der Literatur im Stadtzentrum wird an der Nummer sechs der Puerta del Sol symbolisiert, wo bis vor kurzem die Buchhandlung San Martín stand. Eine schwarze Gedenktafel über den Schaufenstern hält die Tat fest. Das Opfer war Ministerpräsident José Canalejas. Canalejas war ein Büchernarr. Jeden Tag hielt er vor der Buchhandlung inne und studierte die Auslage in den Schaufenstern. Am 12. November 1912 nutzte der Anarchist Manuel Pardiñas die Gelegenheit, hielt ihm eine Pistole an die Schläfe und schoß ihn nieder. »Der Schuß saß so genau, daß Canalejas an derselben Stelle weitergucken würde, wenn er auferstünde«, meinte der Arzt, der den Leichnam untersuchte, mit dem typischen schwarzen Humor der Madrilenen.

2. LHARDY – EIN MARKENZEICHEN

Ohne Lhardy
kann man sich Madrid
nicht vorstellen
AZORÍN, 1941

Verläßt man die Puerta del Sol ostwärts durch die Carrera de San Jerónimo, stößt man nach hundert Schritten auf ein Feinkostgeschäft mit einer alten, dunkelbraunen Holzfassade und einem ganz unspanischen Namen: »Lhardy«. Im Ladeninnern fühlt man sich um hundert Jahre zurückversetzt. Alles ist alt, würdig und edel. Die Holzverkleidung schimmert schwarz, in lachsroten Vitrinen glitzern silbernes Tafelgeschirr und Gläser, der Kronleuchter ist aus Bronze, die zwei Tresen sind aus Marmor und Messing, in reichverzierten silbernen Behältern werden Pasteten warmgehalten, aus silbernen Kannen Consommés serviert. Eine Speisekarte aus dem Jahre 1904 und ein goldumrahmter Riesenspiegel an der Wand führen zur Gewißheit, daß hier die Zeit stehengeblieben ist. Es fehlt nur noch eine Kundin mit bodenlangem bauschigem Kleid, Sonnenschirmchen und Hut.

Dafür gibt es den graumelierten Angestellten Juan. Juan ist schon 44 Jahre im Hause tätig und paßt vollkommen zum Etablissement. Jeden Morgen schenkt er ab 9 Uhr 30 Consommé aus. Dieser Brauch wurde 1885 eingeführt, und allein deswegen kehren Neugierige bei »Lhardy« ein. Der reichlich konservative, inzwischen über 70jährige Schriftsteller Fernando Vizcaíno Casas ist ein alter Kunde des Hauses und kommt alle paar Tage zum Aperitif vorbei. Er

»Lhardy« – ein Hauch des 19. Jahrhunderts

muß gar nichts bestellen, die Angestellten wissen genau, was sein Herz begehrt.

Das Feinkostgeschäft im Untergeschoß ist nur der Vorhof der Genüsse. Das eigentliche Geheimnis des Hauses sind die drei alten Restaurant-Säle im ersten Stock, in denen die Gäste von den normalen Sterblichen durch eine enge Treppe getrennt sind. Hier befindet sich der große Raum, der sechzig Personen Platz bietet. Er wird »Salón Isabelino« genannt, weil er mit seinen Kronleuchtern, Spiegeln, Kommoden, Kandelabern und der dunklen Tapete, die Leder vortäuscht, die Epoche der treulosen und frivolen Königin Isabel II. (1830–1904) ausstrahlt. Der zweite ist der Salón Japonés, ein Zeugnis aus dem Ende des vergangenen Jahrhunderts, als die Europäer begeistert Japan nachahmten. Mit seinen 25 Sitzplätzen ist er für Versammlungen und Verschwörungen von kleinen Gruppen wie geschaffen. Der dritte ist der »weiße Salon«. Er besteht aus einem einzigen Tisch, an dem höchstens zehn Personen tafeln können. Am Eingang des Etablissements zeigen fünf Gabeln an, wieviel die Gastronomie hier zählt. Wildgerichte und Fischspeisen auf französische Art, aber auch die einheimischen callos (Kutteln) und der Eintopf (cocido) gehören zu den Klassikern des Hauses. Noch heute stellen die Verantwortlichen des Verlagshauses Planeta ihre Neuerscheinungen jeweils nach dem Genuß eines Eintopfs vor.

>Lhardy« ist der erste Ort in der Kunst des
feinen Essens.

Benito Pérez Galdós,

im Band »Los Ayacuchos« seiner Reihe

»Episodios Nacionales«

»Lhardy« ist die Erfolgsgeschichte eines Ausländers. Im
Jahre 1839 eröffnete Emilio Lhardy neben der Puerta del
Sol ein Feinkostgeschäft. Er war dazu bestens gerüstet,
denn er hatte vorher in Paris und Bordeaux Restaurants
geführt. Er hatte den Ratschlag von politischen Flüchtlin-
gen aus Spanien beherzigt, Madrid könne durchaus ein
neues Lokal dieser Art brauchen. Das war völlig richtig.
1833 erzählte der Schriftsteller Mariano Larra (1809–
1837), der das Unglück hatte, drei Jahre lang in verschie-
densten Madrider Gaststätten essen zu müssen: »Sie sind
scheußlich und ganz schmucklos. Da liegt kein Teppich,
da steht kein elegantes Möbel, es gibt keinen einzigen
anständig aussehenden Angestellten, keinen Spiegel, kein
Cheminée und auch keinen Ofen im Winter, ganz zu
schweigen von einem Bordeaux oder einem Champa-
gner.«

In Wirklichkeit hieß der Neuankömmling nicht Emilio
Lhardy, sondern Emile Huguenin. Seine Eltern stammten
aus dem schweizerischen La Chaux-de-Fonds, er selber
wurde im französischen Jurastädtchen Montbéliard geboren. Lhardy nannte er sich nach einem Restaurant am
Pariser Boulevard des Italiens, das »Le Hardi« hieß.
Außerdem ließ sich dieser Namen auf Spanisch viel besser
aussprechen.

Der tüchtige und leutselige Koch hatte rasch Erfolg, sei-
ne französischen Gerichte zogen die Großbürger und
Adeligen an. Bald erschien auch Königin Isabel bei ihm.
Wer ein Ereignis würdig feiern wollte, tafelte bei Lhardy.
Der Marquis von Salamanca begoß 1858 bei Lhardy die

Fertigstellung seines neuen Palastes. Im selben Jahr belieferte der Koch bei der Einweihung der Eisenbahnlinie von Aranjuez nach Alicante die königliche Gesellschaft an der Endstation: Spaniens erster Catering-Dienst war geboren.

Emilio Lhardy war sich der Klasse seines Hauses bewußt. Einem Kunden, der das Essen zu teuer fand, entgegnete er: »Wenn Sie nicht bezahlen wollen, lassen Sie es, wir bleiben dennoch Freunde. Aber senken werde ich meine Preise nicht.« Nur Alexandre Dumas (1802–1870) wagte es, sich verächtlich über das Lokal seines Landsmanns zu äußern, den er wegen des Namens für einen Italiener hielt. In unendlicher Herablassung meinte der Autor des Grafen von Monte Christo nach einem Mahl bei Lhardy: »In Italien, wo man schlecht ißt, sind die guten Gaststätten französisch, in Spanien, wo man überhaupt nicht ißt, sind sie italienisch.«

1867 übergab Emilio Lhardy das Lokal seinem Sohn Agustín. Agustín war nicht nur Koch und Patissier, sondern auch Maler und Musikliebhaber. Unter ihm wurde Lhardy auch zu einem Treffpunkt der Künstler und Schriftsteller, den Geiger Pablo Sarasate (1844–1908) nahm er gleich in seinen Privatgemächern über dem Restaurant auf. Sarasate kam jeweils im Frühling von Pamplona nach Madrid, um Stierkämpfen beizuwohnen. Obwohl er nachweislich wenig davon verstand, hielt er im Hause Lhardy Tertulias über die Tauromachie ab. 1868 vertrieb General Prim die Königin Isabel II. Der Tenor Tamberlinck war so begeistert von der Tat, daß er sich auf der Straße vor dem Hause Lhardy aufstellte und dort die Marseillaise, Garibaldi-Lieder und weitere Hymnen auf die Republik sang. Es sollte wenig nutzen, sieben Jahre später wurde in Spanien die Monarchie wieder eingeführt. Agustín Lhardy war der Musik so zugetan, daß er 1901 nicht zögerte, dem Teatro Real zur Uraufführung der Oper »Tosca« aus seinem Restaurant silberne Kandelaber auszuleihen. In seinen Sälen diskutierten zu dieser Zeit begeisterte Wagnerianer.

Die Politiker wählten für ihre Sitzungen vorwiegend den Salón Japonés. Der Diktator Miguel Primo de Rivera benutzte in den zwanziger Jahren dieses Jahrhunderts Lhardy für informelle Kabinettssitzungen. 1929, ein Jahr bevor die Monarchie zum zweiten Male fiel, tafelte er mehrere Male bis weit nach Mitternacht mit seinen Ministern. »Beim Nachtisch im Lhardy versuchte Primo de Rivera mehrere Male vergeblich, zur verfassungsmäßigen Normalität zurückzufinden«, schrieb der Haus-Chronist José Altabella.

Die Schriftsteller hielten in den Salons nicht nur Tertulias ab, sondern feierten dort auch ihre großen Anlässe. 1930 kehrte der inzwischen 66jährige Schriftsteller Miguel de Unamuno aus dem Exil zurück. Der Diktator hatte ihn 1923 auf die Kanareninsel Fuerteventura verbannt, wo für Unamuno »selbst die Erde steinig« gewesen war. An seiner Ehrung bei Lhardy fehlte als eine der wenigen Koryphäen der katalanische Literaturpapst Eugenio d'Ors (1881–1954). Selbstsicher erklärte d'Ors, er habe genug von dieser altklugen Eule. Dies hielt Unamuno nicht ab, in einer langen Ansprache die Solidarität unter den Schriftstellern zu loben. 1944 feierten bei Lhardy Schriftsteller, unter ihnen der andalusische Señorito José María Pemán (1898–1981) und der junge Camilo José Cela, im Smoking den Stierkämpfer Manolete. Manolete war im ausgepowerten und tristen Nachkriegs-Spanien ein nationales Symbol, ein junger Gott. Als einziger erschien er im Straßenanzug.

Über eines der vielen Schriftsteller-Treffen muß besonders berichtet werden. 1923 organisierten Freunde von Ramón Gómez de la Serna zu Ehren ihres Meisters ein Bankett. Hauptredner war Azorín, der sich selber als kleinen Philosophen bezeichnete. Azorín pries die Energie

Das Bankett zu Ehren von Ramón Gómez de la Serna (García Lorca kniend, 2. von links)

der Schriftsteller-Generation von 1898, die Spanien gestärkt habe, und bedauerte, daß die Gesellschaft nun zwar aufgeweckt, der Staat jedoch heruntergekommen sei. Dann ging man zum fröhlichen Teil, der Ehrung, über. Jedermann prostete Gómez de la Serna mit humoristischen Sprüchen zu. Dann wurden Telegramme verlesen. Eins davon schickte eine zweite Künstlergruppe, in der sich auch der junge Luis Buñuel (1900–1983) befand. Jungkünstler hatten zur selben Stunde in einem billigeren Restaurant ebenfalls eine Hommage veranstaltet. Das Essen dort kostete 5,50 Peseten. Wie Buñuels Freund Federico García Lorca es fertiggebracht hatte, im schicken »Lhardy« das Vierfache dieser Summe hinzulegen, ist unbekannt. Jedenfalls muß es an diesem Abend lustig zugegangen sein. Ein Erinnerungsfoto zeigt García Lorca, wie er zusammen mit Freunden auf den Knien unter einem weißen Tischtuch hervorguckt.

3.
DIE KÖNIGE
DER
BOHEME

Gómez de la Serna führt seine Tertulia im »Café Pombo« an

Ramón Gómez de la Serna ist eine Schriftsteller-Generation in einer Person.
MELCHOR FERNÁNDEZ ALMAGRO, LITERATURKRITIKER

Unter den Glückwunsch-Telegrammen, die bei »Lhardy« verlesen wurden, befand sich eins von Künstlern des Zirkus Amerika. Pipo, Pucci, Gasparini, Adriana und ihr Charlot ehrten und dankten Gómez de la Serna mit einem »schwindelerregenden Salto mortale«, weil dieser ihre Kunst im Buch »Der Zirkus« außergewöhnlich gut beschrieben habe. Das wirft Licht auf den Schriftsteller. Gómez de la Serna, am besten einfach RAMON, mit Großbuchstaben zu schreiben, wie er es zu tun pflegte, war ein literarischer Akrobat und Neuerer, ein Bohemien und Humorist, der die unwahrscheinlichsten Themen beschrieb und die Madrider Tertulias mit Neuigkeiten erfrischte. Einige seiner Bücher waren für die Epoche ganz und gar ungewöhnlich. Er schrieb u.a. einen Essay über den Kitsch, ein Buch über Busen, »Briefe an mich«, »Falsche Novellen« und »Das stumme Buch«. Nach 1910 setzte er eine neue literarische Kurzform in die Welt, die Greguerías, Aphorismen, die Bekanntes und Banales mit Schalk zu poetischen Bildern, irrationalen Einsichten und Lebensweisheiten verdichteten und seine Nachfolger, die

Dichter der Generation von 1927, inspirierten, zu der García Lorca gehörte. Hier einige Beispiele:

> Das Benzin ist der Weihrauch der Zivilisation.
> Der Kamm der Frauen kämmt die Welt kahl.
> Die Giraffe ist ein durch die Neugier
> verlängertes Pferd.
> Das Schlimmste an den Armen ist, daß sie nie
> Geld geben können.
> Die Stimme der Schwarzen ist wie ein Tunnel.
> Die Nacht weinte vor Kälte.

Ramón war durch und durch Madrilene. Manchmal konnte er nicht einschlafen, ohne vorher einen Spaziergang zur Plaza de Santa Ana oder durch die noch heute stark belebte Calle de Huertas zu machen. Wenn er mit seinem Motorrad mit Seitenwagen durch die Straßen kurvte, um seine Zeitungsartikel rechtzeitig bei den Redaktionen abzugeben, erkannten ihn viele Madrilenen. Mehrere Jahre lang lebte er in einer turmartigen Wohnung an der Calle de Velázquez inmitten einer Sammlung unnützer Dinge. Dort schrieb er seine Bücher »Geschichte der Puerta del Sol«, »Madrid« und »Litanei Madrids«. Später, im Exil in Buenos Aires, fügte er »Madrider Nostalgie« hinzu. Für ihn lebte seine Stadt auf eine einmalige und unbeschwerte Art: »Die Madrilenen haben deshalb einen derart vifen und unbekümmerten Blick, weil sie nicht dauernd an irgendwelche Geschäfte denken und sich deshalb auf das Wichtige im Leben konzentrieren können.«

Gómez de la Serna floh wie ein Katze vor der Routine und der Ritualisierung des Lebens und suchte das Wesen der Dinge im Kleinen und in unbeachteten Objekten. Vielleicht deshalb schrieb er kein tiefschürfendes Meisterwerk.

Ramón Gómez de la Serna ist ein Luxus für die spanische Literatur. Obwohl er einer der talentiertesten Schriftsteller dieses Jahrhunderts ist, muß man zugeben, daß ihn eigentlich niemand recht gelesen hat – weder damals noch heute. Schon zu seiner Zeit wurden seine Bücher schlecht verkauft. Der Autor verschenkte sie an Bettler und Bohemiens, genau so wie der Heilige Martin seinen Mantel mit den Armen teilte. Zu Ramóns Zeiten wurden die Armen noch geschätzt. Sie machten einen vorbildlichen Gebrauch von seinen Büchern, denn sie benutzten sie als Kopfkissen auf den Bänken des Retiro-Parks. Heutzutage sind die Bohemiens ausgestorben und interessieren sich die Armen leider nicht mehr für Literatur. So liest wirklich niemand mehr die Werke von Ramón.

Andrés Trapiello, im Vorwort zu »Pombo« (1996)

Vielleicht fehlt der große Wurf auch deshalb, weil er, wie der Schriftsteller Francisco Umbral (geb. 1936) meint, aus seinem eigenen Leben ein Kunstwerk machen wollte. Wie Byron, wie Oscar Wilde und Apollinaire. RAMONS Lebensbühne war der Stammtisch im »Café Pombo«. Er selber hatte dieses verstaubte, unscheinbare Café an der Calle de Carretas, das eher wie eine Katakombe aussah und in das sich kaum ein Passant verirrte, ausgewählt und 1915 darin seine Tertulia eröffnet. Ins »Café Pombo« gingen die Künstler, die in den anderen Kaffeehäusern von den ewigen Diskussionen über den Weltkrieg genug hatten. Gómez de la Serna verbat sich politische Gespräche. Er bot Neues – ein fröhliches Dada. Seine Tertulia begann jeden Samstagabend um zehn Uhr und endete kurz vor zwei Uhr früh. Satire, Witz und Spiele waren Trumpf, die Tertulianer erließen Manifeste und verkleideten sich.

Ramón führte das Spektakel mit Humor an und kritisierte, ohne zu beleidigen. Er hielt Vorträge über die unmöglichsten Themen, die zu Happenings auswuchsen und bald berühmt wurden. Es kam vor, daß er aus einem Koffer kitschige Gegenstände zog, sie mit einem Hammer zerschlug und dann über sie improvisierte. »Gómez de la Serna war der unschlagbare Meister in der Vortragskunst«, anerkennt der alte Tertulianer Luis Carandell. Sprach er über Stierkämpfer, trat er nicht wie üblich mit Schlips und Pfeife, sondern im Torero-Anzug auf. Dozierte er über Bonaparte, war er wie Napoleon gekleidet, redete er über Goya, verwandelte er sich in eine Figur des 18. Jahrhunderts. Berühmt sollte sein Vortrag über El Greco werden. Gómez de la Serna trug einen Mantel und eine Halskrause im Stil des 16. Jahrhunderts und stellte eine Kopie von Grecos Gemälde »Caballero mit der Hand auf der Brust« neben sich. Am Ende seines Vortrags streckte sich ihm durch eine besonders eingebaute Vorrichtung der Arm des Caballeros entgegen. Große Heiterkeit weckte auch sein Vortrag über den Zirkus, den er später in Paris hielt. Gómez de la Serna sprach vom Rücken eines Elefanten. Ein anderes Mal ehrte er mit einem Bankett »Don Nadie«, Herrn Niemand. Auf einem Erinnerungsfoto posieren rund 30 Teilnehmer ernst neben einem leeren Stuhl.

Das »Café Pombo« hieß bald »die heilige Krypta« und zog die Künstlerelite an. Picasso (1881–1973), Miró (1893–1983), Ignacio Zuloaga (1870–1945), Ortega y Gasset, Azorín, Juan Ramón Jiménez, Valle-Inclán, die Poeten Pedro Salinas (1891–1951) García Lorca und Gerardo Diego (1896–1987) und viele mehr belebten die Nacht des Samstags im Lokal. Von den Ausländern besuchten unter anderem Diego de Rivera (1886–1957), Pablo Neruda (1904–73), Marc Chagall (1887–1985) und Tristan Tzara (1896–1963) das Lokal. Das Bild, das José

Gómez de la Serna in seinem Arbeitszimmer (1930)

Gutiérrez Solana (1886–1945) über den Stammtisch malte, wurde berühmt und ist im Museum »Reina Sofía« zu sehen.

Heute ist das »Café Pombo« verschwunden. Der Bürgerkrieg hat es zu Tode gebracht. Traurig schrieb Gómez de la Serna wenige Monate zuvor:

> Ich werde die Tertulia schließen müssen, die
> Spanier wollen einander umbringen.

Am folgenden Tag hing im Café tatsächlich ein Schild mit dem Hinweis: »Tertulia bis auf weiteres geschlossen«. Gómez de la Serna ging ins Exil nach Buenos Aires, kehrte aber 1949 zurück. Frankistische Literaten hatten das »Pombo« wieder geöffnet. Doch es war nicht einmal mehr ein Abklatsch der alten Zeit. Gómez de la Serna schiffte sich wieder nach Buenos Aires ein und befahl von dort aus seinen letzten Getreuen, Pombo endgültig zu schließen. Wenig später wurde aus dem Kaffeehaus ein Koffergeschäft. 1963 starb Gómez de la Serna – »aus Trauer«, wie der französische Hispanist Jean Cassou (1897–1986) meinte, der ihn kurz vor dem Tode besucht hatte. Nach Francisco Umbral ist mit Ramón Gómez de la Serna nicht nur ein Schreib-, sondern endgültig ein Lebensstil zu Ende gegangen.

> In den Nächten fühlten wir uns als Könige der Straße. Wir konnten lärmen und von Ort zu Ort ziehen. In allen anderen Städten, von Lissabon bis Neapel, existiert in der Nacht eine soziale Ordnung. Ganz zu schweigen von Paris, wo außerhalb des Quartier Latin, und sogar darin, die Polizei allgegenwärtig ist. Und was sollen wir von Berlin sagen, wo nach Mitternacht immer Gendarmen mit Gewehren auftauchen und die Bierstuben leeren, die eben zu leben begonnen haben. Sogar London ist nachts langweilig. Wir Nachtschwärmer von Madrid haben in der vollsten Freiheit der Welt gelebt. Ramón del Valle-Inclán hat sie sein ganzes Leben lang genossen.
>
> RAMÓN GÓMEZ DE LA SERNA: »BIOGRAFÍAS COMPLETAS« (1959)

Der andere Ramón, besser Don Ramón genannt, war in der Tat ein Bohemien und Genießer. Genauer gesagt ein Genie. Denn er lebte ganz so, wie Gómez de la Serna dieses Wesen definiert hatte: Jemand, der von nichts lebt und doch nicht stirbt. Ramón del Valle-Inclán trank an den Tertulias viel und gern Kaffee. Manchmal bestellte er ihn für die ganze Runde so heiß, daß die Kollegen sich die Zungen verbrannten und protestierten. Er aber kippte ihn hinunter, als wäre nichts. Alle sollten merken, daß Don Ramón anders war. Nächtelang besuchte er die Tertulias im »Café Fornos«, im »Regina«, in »La Nueva Montaña«, in der »Granja del Henar«, im »Gato Negro« und in anderen mehr. Im Morgengrauen stiefelte er jeweils zu Fuß nach Hause. Valle-Inclán lebte und glaubte an die Boheme. Über seine Armut verbreiteten sich Witze und Legenden. »Kommt er zu Hause an, muß er vor seiner Wohnungstür erst miauen, damit die Mäuse die Flucht ergreifen«, ging einer von ihnen.

Eines Tages im Jahre 1895 war er aus seinem heimatlichen Galicien in Madrid aufgetaucht. Bald wurde er zu einer Figur, von der man nicht wußte, was an ihr wahr und was erfunden war. Valle-Inclán hatte mehrere Jahre in Mexiko und Südamerika verbracht. Was er dort getrieben hatte, verriet er nicht. Er kiffte und konnte die Indianer-Sprache Guaraní sprechen: die Tertulianer waren verblüfft.

Don Ramón war unverwechsel- und gleichzeitig unklassifizierbar, eine Verwirrung aus Wirklichkeit und Gerücht. Seine hagere Gestalt, seine kleine runde Brille, sein langes Haar und sein ebensolanger Bart verschafften ihm ein ganz besonderes Aussehen. Er lispelte und war voll von aristokratischem Hochmut, der ihm die tollsten Streiche spielte. Sein Leben lang forderte Valle-Inclán Adelstitel. Mütterlicherseits stammte er von dem Geschlecht der Montenegros ab, von dem der vermessene Spruch ging, es entspringe nicht von Königen, sondern die Könige von ihm. Vielleicht gab sich Don Ramón auch deshalb als Aristokrat, weil seine Landsleute aus Galicien in Madrid als arm und unwissend galten und die bescheidensten Berufe ausübten.

> Valle-Incláns Traum ist es, auf einem weißen
> Elefanten über die Puerta del Sol zu reiten.
> RAMÓN GÓMEZ DE LA SERNA

In Wirklichkeit war der Autor der vier »Sonaten«, von »Tirano Banderas«, der »barbarischen Komödien« und

42

von Theaterstücken wie »Luces de Bohemia« in seiner Jugend in Amerika Soldat gewesen. Kaum in Madrid eingelebt, schlug er sich in Madrid mit dem Schriftsteller Julio López del Castillo wegen einer Beleidigung im Duell. Die beiden griffen zum Säbel und verletzten sich, wie das damals üblich war, geringfügig. Dann erklärten sie ihre Ehre für wiederhergestellt.

Schlimmer ging ein Streit im Jahre 1899 aus. Im Café »La Nueva Montaña« zankten die Tertulianer über die nicht zu verachtende Frage, ob die Portugiesen oder die Spanier tüchtiger seien. Der portugiesische Künstler Leal da Cámara hatte sich in dieser Frage mit einem andalusischen Aristokraten so zerstritten, daß die beiden zu duellieren beschlossen. »Leal da Cámara ist zu jung zum Duellieren«, warf der Schriftsteller Manuel Bueno ein. »Was wissen Sie Bauerntölpel schon davon«, griff Valle-Inclán ihn an. Es kam zum Tumult. Der Beleidigte erhob seinen Stock, Valle-Inclán griff zu einer Wasserflasche und wiederholte »Tölpel, Tölpel«. Bevor er seine Waffe einsetzen konnte, erhielt er einen Stockschlag auf den linken Arm. Die Streithähne wurden getrennt, die Sache schien vorüber zu sein.

Der Notfallarzt versorgte Valle-Inclán jedoch derart schlecht, daß er eine Blutvergiftung erlitt. Der Stockschlag hatte die Manschettenknöpfe ins Fleisch getrieben. Der Arzt beschloß, den Arm zu amputieren. Stoisch ließ Valle-Inclán den Eingriff über sich ergehen. Am Schluß der Operation rauchte er eine Havanna-Zigarre und meinte zum Theaterautor Jacinto Benavente: »Uff, wie der Arm schmerzt.« »Der schmerzt nicht mehr«, kam die Antwort. Wenig später zitierte Valle-Inclán den Gegner zu sich und sagte: »Schau, Bueno, vergessen wir das nun. Mir bleibt ja noch die rechte Hand, um die deine zu drücken.« Valle-Incláns Freunde waren beeindruckt. Sie organisierten einen Theaterabend und kauften dem Einarmigen mit dem Erlös eine Prothese, die er allerdings nicht lange trug.

Der Zwischenfall machte Furore. Weil er Valle-Inclán widerfahren war, ersannen Tertulianer alsbald neue Versionen. Gómez de la Serna erfand eine schöne: Ihm zufolge sagte Valle-Incláns Diener eines Tages betrübt, es sei weder Geld noch Essen im Hause. »Bring mir den Säbel«, befahl der Schriftsteller und trennte mit einem Schlag seinen linken Arm ab. Dann meinte er: »Wirf ihn in den Kochtopf, so haben wir mindestens für die nächsten Tage etwas zu beißen.« Der Romancier verarbeitete sein Mißgeschick in seinem Werk »Wintersonate« und beschrieb darin, wie einem Offizier in einem Kloster ein Arm amputiert wurde. »Er nützt mir ohnehin nichts, heutzutage braucht man nur noch einen«, ließ Valle-Inclán den Offizier sagen.

Valle-Inclán war selten um Worte verlegen und ließ sich nie unterkriegen. Auch nach 1923 nicht, als General Primo de Rivera mit dem Segen von König Alfonso XIII. eine Diktatur einführte. Als der Diktator Miguel de Unamuno, eine der kritischsten Stimmen unter den Intellektuellen, von der Halbinsel verbannte, übernahm Valle-Inclán dessen Rolle. Die Polizei beschlagnahmte seine Novelle »Die Tochter des Hauptmanns« wegen »Anschlags auf die herrschenden Sitten«.

Von den Tertulias in den Kaffeehäusern ging jedoch zäher Widerstand gegen die Diktatur aus. Einige Monate nach der Beschlagnahmung seines Werkes rächte sich Valle-Inclán. Als im Theater Fontalba das Stück »Des Teufels Sohn« des Regime-Günstlings Joaquín Montaner uraufgeführt wurde und das Publikum an einer wichtigen Szene begeistert klatschte, rief Valle-Inclán laut »sehr schlecht«. Die Zuschauer in seiner Nähe schalten ihn. Da wiederholte Valle-Inclán: »Sehr schlecht, ich habe sehr schlecht gesagt.«

Es kam zum Aufruhr. Das Stück mußte unterbrochen werden, und der Kritiker landete auf dem Polizeikommissariat. Valle-Inclán verlor die Nerven keineswegs. »Hier bringe ich Ihnen den Polizisten, der unfähig war, mich vor dem lamentablen Publikum zu schützen, er ist verhaftet«, sagte er zum Polizeikommissar.

Der Schriftsteller wollte den Skandal vollenden und hinter Gitter kommen. 1929 war es soweit. Wegen Unruhen auf dem Callao-Platz wurde Valle-Inclán zu 250 Peseten Buße verdonnert. Er bezahlte nicht. Wenig später klopften zwei Polizisten an seine Wohnungstür. Wie der Dialog ablief, berichtet Mariano Tudela im Buch »Tertulias von Madrid«:

> Vom Bette aus ruft Don Ramón: »Kommen Sie später, zu dieser Tageszeit stört man die Leute nicht.«
> Die Polizisten insistieren. Da sagt Valle-Inclán: »Sie können hier nicht eindringen, ich verlange einen Befehl des Richters.« Zwei Stunden später klopfen die beiden wieder, diesmal mit dem verlangten Dokument.
> Valle-Inclán gibt nach: »Einverstanden, wenn ich aufstehe, begleite ich Sie, warten Sie im Vorzimmer.«
> Die Polizisten verlieren die Geduld und treiben Valle-Inclán zur Eile an.
> »Wie Sie wollen, ich kleide mich nicht an, tun Sie es«, antwortet der Schriftsteller.
> Die Polizisten beginnen mit den Socken. Nach einer Weile meint der Angeschuldigte: »Lassen Sie es, ich mache den Rest.«
> Am Schluß klemmt Valle-Inclán ein dickes Paket unter den Arm. Auf die Frage der Polizisten, was es enthalte, antwortet er: »Bücher und Papier. Ich werde im Gefängnis den Don Quijote schreiben.«

Auf dem Kommissariat prasseln die Routine-
fragen auf ihn nieder:
Beruf?
Schriftsteller.
Können Sie lesen und schreiben?
Nein.
Wie? Diese Antwort ist seltsam.
Viel seltsamer ist die Frage.

Valle-Inclán kriegt zwei Wochen Arrest. Der Diktator
Primo de Rivera fühlt sich gezwungen, eigenhändig eine
Pressenotiz zu schreiben. Darin meldet er, der »vortreff-
liche Schriftsteller und extravagante Bürger Señor Valle-
Inclán« habe inhaftiert werden müssen, weil er die Buße,
mit der die Polizei ihn vor einer solchen Schmach habe
befreien wollen, nicht bezahlt und zudem die Autorität
und die gesamte soziale Ordnung »derart radikal angegrif-
fen und beleidigt« habe, daß diese Strafe unumgänglich
gewesen sei. Ein Jahr später stürzte die Diktatur Primo de
Riveras samt dem König.

Valle-Inclán war ein ästhetischer Neuerer. Nichts war
ihm so zuwider wie das pompöse Getue und das bürgerliche Gehabe der Belle Epoque. Darin war er sich ganz mit
den anderen Vertretern der Schriftsteller-Generation der
98er einig, die das saftlose alte Spanien abschaffen wollte.
Der Politiker und Dramaturg José Echegaray (1832–
1917) bekam den Groll der Jungen voll zu spüren. Echegaray hatte 1904 für seine Theaterstücke den Nobelpreis
für Literatur erhalten. Böse Zungen meinten, Generäle,
die die schwülstige Sprache seiner Ehrendramen liebten,
hätten Königin Cristina dazu angestiftet, sich bei der
Königlichen Schwedischen Akademie für Echegaray ein-
zusetzen. Die Stadtverwaltung Madrids hatte eine Straße
nach Echegaray benannt, obwohl sein Stern bereits im
Sinken war. Kurz nach der Preisverleihung machten sich

Ramón del Valle-Inclán und seine Tertulia im
»Café Levante«

in der Tertulia des »Café Fornos« die Stammgäste über
den kahlköpfigen 72jährigen lustig. Valle-Inclán kramte in
seinem elephantischen Gedächtnis und zitierte einige von
Echegarays schwächlichen Versen, hielt plötzlich inne
und sagte: »Die Madrider Briefträger sind wirklich intelli-
gent.« Rätselraten, Staunen. Valle-Inclán lieferte die Er-
klärung und fügte an: »Kürzlich habe ich als Briefadresse
anstatt Echegaray-Straße ›Straße des alten Idioten‹ geschrieben – und der Brief kam an.«

4. DIE FONTANA DE ORO

In der »Fontana de Oro« gab es zwei Abteile,
zwei Welten: den Raum für die Kaffeetrinker
und den für die Politik. Im ersten standen einige
Tische. Weiter hinten, in einem abgeschrägten
Abteil, fanden die Versammlungen statt. Am
Anfang stellten sich die Redner für ihre Anspra-
chen auf einen Tisch. Der Besitzer sah sich
deshalb gezwungen, eine Tribüne zu bauen. Weil
so viele Besucher kamen, mußte er auch neue
Bänke hinstellen. (...) Einige Kunden, die sich im
Untergeschoß aufhielten und dort Kaffee oder
heiße Schokolade tranken, flohen. Der Lärm
über ihren Köpfen war so groß, daß sie fürchteten, das patriotische Treiben bringe die Decke
zum Einsturz.
Die Theke war breit und stand auf einer Er-
höhung. Auf der Vorderseite war ein Medaillon
mit den Anfangsbuchstaben des Namens des
Besitzers eingelassen. (...) Über den Flaschen
und den Schultern des Besitzers schlich ein ge-
waltiger Kater herum. Die meiste Zeit des Tages
lag er jedoch in einer Ecke und schlief den Schlaf
der Glücklichen. Es war ein vorsichtiger Kater,
der die Versammlungen niemals störte. In den
kritischen Augenblicken miaute er nie und stieß
auch keine Flasche um. Er hieß Robespierre.
BENITO PÉREZ GALDÓS: »LA FONTANA DE ORO« (1870)

Wenige Schritte vom »Lhardy« entfernt, in der Calle de la Victoria, ist die »Fontana de Oro«. Auf einer Inschrift an der Hausmauer steht, daß es sich um ein historisches Lokal handelt. Den Passanten bleiben die Jahreszahlen 1820 und 1823 im Gedächtnis. Neugierig gucken viele von ihnen durch die von Flaschen verstellten Fenster ins dunkle Innere.

Wer in die »Fontana de Oro« eintritt, ist zunächst verwirrt und enttäuscht. Die Besitzer, die das Lokal 1994 übernahmen, haben es in einen irischen Pub verwandelt. Die üblichen Landkarten von Irland, Whisky-Flaschen und viel Keltisches zieren Wände und Vitrinen. An den zwei Tresen werden allerlei Sorten Importbier ausgeschenkt.

Wer genauer hinschaut und mit ein bißchen Phantasie nachhilft, sieht jedoch die alte »Fontana de Oro« vor sich auferstehen. Die Besitzer haben von der alten Zeit gerettet, was zu retten war. Am Eingang lebt, auf Keramikkacheln gemalt, die Puerta del Sol jener Jahre auf. Drinnen hängen über einem Tresen acht Portraits von Helden der Epoche. Es waren Militärs, Politiker und Schriftsteller, auch einige Adelige sind dabei. An den Wänden sind auf Bildern und Stichen Szenen der Epoche zu sehen, zum Beispiel General Rafael Riego (1785–1823), der die liberale Revolution gegen den absolutistischen und dümmlichen König Ferdinand VII. (1784–1833) anführte, jedoch verraten wurde und am Galgen endete. Die Hymne von Riego, deren Text der Offizier und Schriftsteller Evaristo de San Miguel, ein Stammgast der »Fontana de Oro«, verfaßte, überlebte hingegen und diente in der Zweiten Republik (1931–1936) als Landeshymne.

Die Steinfliesen des Lokals sind alt, die Lampen stammen aus der Zeit des besagten Ferdinand und von den sieben schwarzen Säulen behaupten die Besitzer und deren Freunde, sie seien echt freimaurerisch. Dem Lokal fehle nur noch eine Decke mit einem Sternenhimmel und ein schwarz-weißer Marmorboden, dann wäre es ganz im Stile der Freimaurer ausgestattet.

Mit der Freimaurerei hatte die »Fontana de Oro« wahrhaftig zu tun. Die Redner und Politiker, von denen einige auch Schriftsteller waren, verbreiteten liberale Ideen und wollten Spanien vom Absolutismus erlösen. Sie führten einen leidenschaftlichen Kampf gegen die Monarchie und die Kirche. Bedenkt man, daß Ferdinand nach seiner Machtübernahme im Jahre 1814 im Lande wieder die Inquisition einführte, versteht man den Grund.

In jenen Jahren war die »Fontana de Oro« ein politischer Klub. Glanzredner war der junge Antonio Alcalá Galiano, der als das häßlichste Wesen Madrids galt. Auf der Rednertribüne verwandelte sich der kleine, leicht bucklige und langnasige Andalusier in einen Volkstribun. »Demostenes« nannten ihn die Zuhörer. Alcalá Galiano (1789–1865) heizte dem König und den Pfaffen solange ein, bis er ins Exil fliehen mußte. In London schrieb er Geschichtsbücher und Memoiren. Später kehrte er, geläutert durch englisches Augenmaß, nach Madrid zurück, trat in mehrere Regierungen ein und starb während einer Kabinettssitzung. In der »Fontana de Oro« ist er heute auf der nachgeahmten Rednertribüne lebensgroß in Kunststoff zu sehen. Die Besitzer räumen ein, daß die Figur nicht sehr geglückt ist, denn der Kopist hat aus dem jungen häßlichen Hitzkopf einen gesetzten und besonnen dreinblickenden älteren Herrn gemacht.

Die zweite Figur auf dem Podium, der Mann mit dem unverwechselbaren Schnauzer, ist der Schriftsteller, der die »Fontana de Oro« im gleichnamigen Roman verewigt hat. Benito Pérez Galdós (1843–1920) war vom Ungemach der Liberalen derart angetan, daß er zur Feder griff. »La Fontana de Oro«, die Geschichte des liberalen Studenten Lazaro, der in die Fänge seines erzkatholischen Onkels Elías gerät, verhaftet wird und später fliehen kann,

Benito Pérez Galdós in lebensgroßer
Nachahmung in der »Fontana de Oro«

war einer der ersten seiner 77 Romane. Galdós war der Inventarist seiner Zeit, Spaniens Balzac und Dickens in einem. Kein anderer Schriftsteller Spaniens – außer natürlich das Monstrum Lope de Vega (1562–1635) – hat soviel produziert wie der Offizierssohn von den Kanarischen Inseln. Er hatte nicht einmal Zeit zu heiraten. Dafür veranstaltete er in seinen Werken eifrig Hochzeiten. Pérez Galdós ging mit seinem Notizblock durch die Straßen der Hauptstadt und schrieb alles auf, was ihm vor die Augen kam und wichtig erschien. »Hier kommt Don Benito«, sagten die Madrilenen, wenn sie ihn auftauchen sahen. Er reiste auch in andere Städte, um Ereignisse zu verfolgen. »Ich gehe die Geschichte anschauen«, meinte er dann.

Pedro Fernández, einer der Besitzer des Lokals, glaubt, daß der Romancier bei der »Fontana de Oro« ein bißchen flunkerte, weil er die beschriebenen Ereignisse nicht selber erlebt hatte. Trotzdem hat er die »Fontana de Oro« genau nach den Beschreibungen von Pérez Galdós restauriert. Andere Quellen besaßen die Besitzer nicht.

Die Beschreibung der sozialen Wirklichkeit seines Landes führte Pérez Galdós später in den Bereich des humanitären Sozialismus. Der Offizierssohn von den Kanarischen Inseln freundete sich mit dem Sozialistenführer Pablo Iglesias an. Was die Liberalen des 19. Jahrhunderts erlitten, bekam nun auch er – auf seine Art – zu spüren. Die Konservativen der Akademie der Schönen Künste weigerten sich 1905 und erneut im Jahre 1912, Pérez Galdós als Kandidat für den Literatur-Nobelpreis vorzuschlagen. Nach dem Auszug der Liberalen wurde die Geschichte des Lokals derart zugeschüttet, daß ihm sogar der Name abhanden kam. Vor der Wiedereröffnung hieß es, nach bester Stierkampftradition, »Sol y Sombra«.

Das weiß heute kaum ein Besucher. Das geräumige, sympathisch eingerichtete Lokal zieht vorwiegend Nostalgiker (unter ihnen Militärs in Zivil, die die Portraits schätzen), aber auch Madrilenen und Touristen an. Literarisch wird es, wenn neue Bücher vorgestellt werden. Am meisten ist an den Wochenenden zwischen 23 Uhr und fünf Uhr in der Frühe los. Ein buntgemischtes Volk hört Live-Musik, plaudert und trinkt Bier. Wer mit der rundlichen Köchin Victoria spricht, wird an alte Geschichten erinnert. Victoria ist sicher, daß im Untergeschoß des Hauses Geister von verstorbenen Monarchisten-Feinden hausen. »Einmal hat mich auf der Treppe zum Kellergeschoß ein alter Mann, der ein Wams und Seidenstrümpfe trug, an den Haaren gerissen«, berichtet sie überzeugt. Einer der Kellner pflichtet ihr bei. Er hört »da unten« manchmal Murmeln und Lärm.

5. EIN ZWISCHENHALT: DIE CORTES

Verlassen wir die »Fontana de Oro« und gehen wir wieder am Restaurant »Lhardy« vorbei, gelangen wir in den unteren Teil der Carrera de San Jerónimo, an dem im 19. Jahrhundert Adelspaläste, Klöster und Kirchen standen. Bevor wir vor dem Hotel »Palace« rechts in die Calle del Prado einschwenken, lohnt es sich, ein Gebäude zu betrachten, das mit seinem Treppenaufgang, seinen Säulen und Friesen wie ein griechischer Tempel aussieht. Zwei Bronze-Löwen flankieren die Treppen. Ihre Pranken ruhen auf Eisenkugeln, die aus Artilleriegeschossen gegossen sind, die Spaniens siegreiche Armee 1860 von Marokko erbeutete.

Die Löwen sind stadtbekannt, denn sie können sprechen. Auf vielen Witzzeichnungen hat der Humorist Chumy Chúmez sie jahrelang die Taten und Missetaten derjenigen kommentieren lassen, die sich im Inneren des Gebäudes versammeln. Es ist das Parlament, genauer gesagt der Congreso de los Diputados, das Unterhaus, das die Spanier auch Cortes nennen. Bei der Verquickung von Politik und Literatur ist es interessant, die Entwicklung dieser Institution zu studieren.

Die Cortes wurden im Jahre 1850 eröffnet. Vorher hatte dort das Männerkloster des »Heiligen Geistes« gestanden. Letzterer hat die Abgeordneten nicht immer erleuchtet, lange war das Parlament eine Fassade für autoritäre Regierungen. Spanien hat seine Demokratie hart erkämpfen müssen und sie erst spät (1975) und nach mehreren schweren Abstürzen erreicht.

Jedesmal waren es Militärs, die demokratischen Aufschwüngen den Garaus machten. Am 3. Januar 1874 verlor die konservative Partei von Emilio Castelar eine Abstimmung. Das erboste General Pavía. Mit seinen Truppen drang er in das Cortes-Gebäude ein und löste das Parlament kurzerhand auf. So fiel Spaniens Erste Republik. Sie hatte ganze elf Monate gedauert. Die Phase der Restauration, die darauf folgte, bestand darin, daß sich zwei Parteien in schöner Regelmäßigkeit an der Macht ablösten. Damit die Rechnung aufging, kauften in den Provinzen Kaziken, Dorfschulzen der Parteien, vor den Wahlen mit Versprechungen Stimmen. Im Notfall fälschten Beamte des Innenministeriums die Ergebnisse beim Zusammenzählen der Stimmen. Dieses System funktionierte gut 40 Jahre lang.

1923 war die Reihe am andalusischen General Miguel Primo de Rivera. Er putschte, um unentschlossene Parteien zu beseitigen und die soziale Unrast zu bekämpfen, und regierte sieben Jahre lang ohne Parlament. Die Weltwirtschaftskrise und steigende Rebellion im Lande machten der Diktatur, von den Spaniern »Dictablanda« (weiche Diktatur) genannt, ein Ende. Der General und auch König Alfons XIII. zogen ins Exil. »Dictablanda« hatte sie geheißen, weil sie nicht alle Bereiche erfaßt hatte und Primo de Rivera ein Lebemann mit einer gewissen Nachsicht war.

Die Zweite Republik, die darauf folgte, dauerte nur sechs Jahre. Im Sommer 1936 putschten Generäle, um den Vormarsch der Linksparteien zu verhindern. Der Putsch entwickelte sich zum Bürgerkrieg, und drei Jahre später lag Spanien verwüstet da. Um der Rache der rechtsradikalen Sieger zu entgehen, mußten Künstler und Literaten, zum Beispiel Pablo Casals (1876–1973) und Rafael Alberti (geb. 1902), die die Republik und die Demokratie verteidigt hatten, ins Exil fliehen. Andere folgten ihnen, weil sie die Zensur und die geistige Dürftigkeit, die nun anbrach und 36 Jahre lang dauern sollte, nicht aushielten. 1942 beschloß General Franco, ein Stände-Parlament einzurichten. Das besserte an der Lage nichts. Die Abgeordneten vertraten eine Diktatur.

Der vierte Versuch der Militärs, die Demokratie abzuschaffen, mißlang. Wir erinnern uns: Am 23. Februar 1981 stürmte Oberstleutnant Antonio Tejero mit Guardia-Civil-Polizisten und dem Ruf »Todos al suelo« (Alle auf den Boden) das Cortes-Gebäude, ließ Warnschüsse in die Decke feuern, erklärte die Abgeordneten samt Regierung für gefangen und kündigte eine militärische Autorität an, die den Fortgang der Dinge bestimmen würde. Im gegenüberliegenden Hotel Palace errichteten verfassungstreue Generäle hastig ein Hauptquartier und berieten, wie die Aufständischen zu besiegen seien. Nach einer Nacht voller Verhandlungen und einer Fernsehrede von König Juan Carlos konnten Tejero und seine Helfer neutralisiert werden. Bleich traten die Parlamentarier und Minister am folgenden Morgen auf die Straße. Die Demokratie war gerettet, zum Glück hatte sie schon zu starke Wurzeln geschlagen.

Unter der Fuchtel der Generäle mußten die Künstler und Intellektuellen sich zwischen Anpassung und Rebellion entscheiden. Die Schriftsteller nahmen am politischen Geschick auf beiden Seiten an vorderster Front teil; zur Ehre des Standes sei gesagt, daß die Mehrheit sich gegen autoritär Regierende auflehnte. Der Katalane Eugenio d'Ors machte im Franco-Regime entschlossen mit, der kastilische Schriftsteller Dionisio Ridruejo (1912–1975), der Essayist Pedro Laín (geb. 1908) sowie der später sehr erfolgreiche Romancier Gonzalo Torrente Ballester (geb. 1910) waren anfänglich von der neuen Ordnung begeistert, kehrten ihr nachher aber enttäuscht den Rücken. Miguel de Unamuno wurde unter General Primo de Rivera deportiert und Valle-Inclán verhaftet.

6. DAS HAUS DER WEISEN

Die Tradition des Athenäums läßt sich in
einem Begriff zusammenfassen: Toleranz.
MANUEL AZAÑA,
ATHENÄUMS-MITGLIED UND STAATSCHEF

Über dem eisernen Eingangstor sind in Bronze der Maler
Velázquez, König Alfons der Weise und Cervantes abge-
bildet. Der Eingang ist schlicht und nüchtern, er besteht
aus einem steilen steinernen Treppenaufgang, den zwei
Bronzestatuen – Hermes und Paris? – flankieren. Das erste Stockwerk ist dunkel gehalten, in breiten grünen und
roten Fauteuils ruhen und unterhalten sich ältere Leute
und Studenten. Die Wände sind mit über hundert eng an-
einandergereihten Portraits bedeckt; die Creme der Intel-
ligenz eines Jahrhunderts blickt auf den Besucher nieder.
Hier im Athenäum sind sie versammelt: José Ortega y
Gasset mit Schlips, Eugenio d'Ors mit seinem abschätzi-
gen Blick, Santiago Ramón y Cajal vor dem Mikroskop,
Gregorio Marañón (1887–1960), Arzt, Politiker und Lite-
rat, in wissender Pose, ein strenger Camilo José Cela, der
junge Luis Buñuel, Miguel de Unamuno mit forschender
und herrschender Miene, Ramón del Valle-Inclán mit seinem ellenlangen weißen Bart – und neunzig weitere.

Das Athenäum (im vollen Wortlaut heißt es Ateneo
científico, literario y artístico) hat sie alle an der Arbeit
gesehen. Die einen waren Präsidenten der Institution, die
anderen hielten Vorträge und die dritten führten Tertulias
an. Jahrzehntelang war das Athenäum ein kulturelles Zen-

trum sondergleichen. Es erhielt den Namen casa docta – Haus der Gelehrten. Unamuno behauptete, es gebe im ganzen Land keine Institution, welche die Kultur mehr beeinflußt habe. In seinen Räumen würdigten die Mitglieder die Schauspielerin Sarah Bernhardt, hielten Marconi, Einstein und Bergson Vorträge, spielte Wanda Landowska und wurde Manuel de Fallas »Amor Brujo« uraufgeführt. Es war der Ort des Wissens, an dem die spanischen Intellektuellen ihre Meinungen austauschten und über die Landesgrenzen hinausblickten. Als André Maurois es 1951 besuchte, sagte er einen so schönen Satz, daß sich die Mitglieder heute noch geschmeichelt fühlen: »Die Sorbonne, Oxford und das Athenäum von Madrid sind diejenigen Orte, an denen Europas feinster Geist weht.«

Die Geschichte des Hauses begann wie diejenige der »Fontana de Oro« im Jahre 1820. Und wie die »Fontana de Oro« ließ es König Ferdinand VII. drei Jahre später schließen. Der zweite Anlauf glückte, 1835 wurde das Athenäum von der ersten Romantiker-Generation wiedereröffnet. Sein Präsident war der Herzog von Rivas (1791–1865), dessen Werk »Don Alvaro oder Die Macht des Schicksals« Giuseppe Verdi später als Opern-Libretto diente. Athenäum-Mitglied Nummer eins wurde der Poet, Schriftsteller und Journalist Mariano Larra, alias Figaro, der den Satz »In Madrid schreiben heißt weinen« prägte und sich kurz darauf erschoß.

Larra war von einem seiner Gegner, dem Dichter Bretón de los Herreros (1796–1873), als Mitglied vorgeschlagen worden. Diese Haltung war für die damalige Zeit erstaunlich weitsichtig. Die Toleranz war in den Statuten des Athenäums verankert und sollte zur obersten Maxime der Institution werden. Später versuchten Redner, die Toleranzgrenze ihrer Zuhörer zu strapazieren. Nur dem Journalisten César González Ruano gelang es aber, von der Polizei abgeführt zu werden. Er provozierte um 1920 sein

Das Athenäum bei der Einweihung im Jahre 1884.
Einzug des Publikums

Publikum, indem er sagte, Cervantes sei einarmig gewesen und habe den Don Quijote mit den Füßen geschrieben. Das war zu viel.

In den Händen der Intellektuellen wurde das Athenäum zu einem machtvollen Instrument. Sie informierten in seinen Räumen das Publikum über die neuesten Entwicklungen in Kunst und Wissenschaft. Darwin, der Sozialismus und der Positivismus wurden in Spanien zuerst hier diskutiert. Die Institution begann, Sprachkurse und Stipendien anzubieten und entwickelte sich, da die meisten Sitzungen öffentlich und gratis waren, zu einer Art Parallel-Universität. Um 1850 funktionierte im Athenäum auch eine »Gesellschaft der Universellen Sprache«, die an der Idee des Esperanto herumtüftelte.

1884 eröffneten die Mitglieder ihren heutigen Sitz an der Calle del Prado. Ihre Institution war bereits derart wichtig, daß König Alfons XII. samt Familie an der Einweihungszeremonie teilnahm und Mitglied wurde. Am neuen Ort erlebte das Athenäum seine glänzendsten Phasen. Die Angestellten trugen blaue Mäntel mit Silberknöpfen und sprachen die Mitglieder mit »Ihro Hoheit« an. Das Haus lag nur einen Steinwurf vom Parlament entfernt und diente Intellektuellen als Sprungbrett für die Politik. Der feierliche Vortragssaal, der gegenüber der Gemäldegalerie liegt, wurde zur eigentlichen Rednerschule. Es war die Epoche der schönen Sätze und der Theorien, die Opposition bereitete sich hier mit Vorträgen auf Regierungsämter vor. Die Reden des Historikers und konservativen Politikers Antonio Cánovas del Castillo (1828–1897) wurden berühmt, im Parterre und auf den Tribünen lauschten ihm Hunderte von Bewunderern und Feinden. Cánovas del Castillo wurde von den Athenäums-Mitgliedern zu ihrem Präsidenten gewählt und stieg später zum Regierungschef auf. Mehrere Jahre lang hielt er beide Ämter gleichzeitig inne.

Es verwundert nicht, daß Intellektuelle auch Politiker wurden. Im 19. Jahrhundert gab es im Lande die Sparte der Berufspolitiker noch nicht. Intellektuelle, Schriftsteller und Journalisten bestimmten somit die Geschicke des Landes direkt mit, noch vor dem berühmten »J'accuse« von Emile Zola im Falle Dreyfus.

In der Bibliothek wirst Du ein Mann, im Vortragssaal Redner und Abgeordneter und in den Salons ein Hitzkopf.
Auskunft an ein neues Athenäums-Mitglied um 1900

Das Athenäums-Mitglied glaubt vor allem an die Güte der menschlichen Natur, an die Debatte und die Meinungsfreiheit. Es ist ein Tertulianer,

aber ein geordneter und zivilisierter. Deshalb
wählt er für seine Diskussionen nicht irgendein
Kaffeehaus, sondern das Haus der Gelehrten.

José Luis Abellán 1995 in der Hauszeitschrift
»El Ateneísta«

Bei der Portraitgalerie treten wir in einen seltsamen zwei-
geteilten Raum ein: die Cacharrería. Der Name kommt
wahrscheinlich von cacharro (Topf). Auf der rechten Seite
stehen noch zwei mächtige Exemplare. An den Wänden
hängt eine wirre Auswahl von Portraits und Landschafts-
bildern, und auf einer der bemalten hohen Decken hält
eine streitbare Freiheitsheldin die spanische Landesfahne.
In den Fauteuils diskutieren Tertulianer und ruhen sich
Studenten aus.

In dieser Cacharrería haben um die Jahrhundertwende
die »Jungen« gegen die alte Garde rebelliert. Sie machten
die Alten für den kulturellen Stillstand und das koloniale
Desaster von 1898 verantwortlich. Hatten nicht leicht-
gläubige Alte im Athenäum noch auf den Sieg der ruhm-
reichen spanischen Flotte angestoßen, die kurz darauf von
den »miserablen Yankees« vor Kuba und den Philippinen
jämmerlich versenkt wurde? 1904 verfaßten Unamuno,
die Gebrüder Antonio und Manuel Machado, Azorín und
Baroja, Vertreter der Schriftsteller-Generation von 1898,
die allesamt um die 30 Jahre alt waren, zusammen mit
Rubén Darío ein furibundes Manifest gegen José Echegaray, einen Vertreter der alten Schule. Sie attackierten
auch den angesehenen Romancier Pérez Galdós. Sie nannten ihn »Don Benito der Erbsenzähler«. Der Historiker
und Politiker Joaquín Costa (1846–1911) kritisierte die
konservativen Politiker und forderte ein neues Regie-
rungssystem.

Valle-Inclán, Benavente, Unamuno, Ortega y Gasset
und der Sprachwissenschaftler Ramón Menéndez Pidal

(1869–1968) hielten in diesem Raum Tertulias ab. Das heißt nicht, daß sie einander auch mochten. Wenn Unamuno auftauchte, pflegte Ortega y Gasset zu verschwinden. Er, Spaniens großer »Europäer«, vertrug sich schlecht mit dem rechthaberischen Schriftsteller und Professor aus Salamanca, der den reinen, vom Materialismus unbefleckten Geist Kastiliens über alles erheben wollte.

Unamuno war nicht nur rechthaberisch, sondern auch schlagfertig. Als ein junger Tertulianer den Meister kritisierte, er habe in einem Zeitungsartikel Ausdrücke verwendet, die nicht einmal im Wörterbuch der Sprachakademie stünden, entgegnete er barsch: »Die Akademie wird sich beeilen, sie aufzunehmen.«

Nach dem Ersten Weltkrieg gewann die junge Generation endgültig die Oberhand. Sie diskutierte im Athenäum Themen, die noch heute aktuell sind, etwa der Feminismus und das Problem des Baskenlandes. Die Mitglieder des weisen Hauses setzten sich auch für eine bessere Volkserziehung ein. Laizismus und Republikanismus waren Trumpf. Unamuno, einer der größten Kritiker der Kirche, las seine neuen Werke vor, hielt Vorträge über Zeitgeschichte und wetterte gegen König Alfons XIII. Als 1931 die Zweite Republik anbrach, hatten die Kritiker keine Feinde mehr. Manuel Azaña (1930–32), Ramón del Valle-Inclán (1932) und Unamuno (1932–34) wurden Präsidenten der Institution.

> Manuel Azaña hielt in der Cacharreria
> mit seinem revolutionären Komitee
> Verschwörungen ab und verteilte hier im
> Februar 1931 die Kabinettsposten der
> ersten Regierung der Republik.
> BEHAUPTUNG VON FRANKISTEN,
> IN: »MEMORIA DEL ATENEO« (1967)

Ein Jahr nach dem Bürgerkrieg hing am Eingang des Ateneo ein Schild mit der Inschrift »Kultursaal der Provinzdelegation für Erziehung der spanischen Falange«. Die neue Bezeichnung zeigte an, wie tief das Athenäum während der Franco-Zeit fallen sollte. Die Institution verlor ihre Unabhängigkeit und wurde dem Erziehungsministerium unterstellt. Die fortschrittlich denkenden Mitglieder, die nicht ins Exil hatten flüchten müssen, versuchten, wenigstens einen Abglanz der goldenen Zeiten zu bewahren. 1946 trat der aus Portugal zurückgekehrte Ortega y Gasset wieder in seiner alten Heimstätte auf, 1949 durfte der aus Buenos Aires angereiste Ramón Gómez de la Serna im Vortragsaal sprechen. Es war sein letzter Auftritt an diesem Ort.

Im Athenäum wurde sogar der Einzelgänger Fernando Arrabal (geb. 1932) gesichtet. Bevor er sich nach Paris absetzte, konnte Arrabal hier seinen Film »Viva la muerte« aufführen. In den fünfziger Jahren funktionierte in der Cacharrería eine Tertulia, deren Teilnehmer berichteten, was sie über die Aktivitäten der politischen Opposition wußten. »Noch in den sechziger Jahren mußten wir aber damit rechnen, daß die Polizei Vorträge, die wir ankündigten, einfach verbot«, erinnert sich ein Mitglied. Heute treffen sich in der Cacharrería jeden Montagabend noch einige Republikaner zu einer Tertulia.

> In den fünfziger und sechziger Jahren wurde das Athenäum, so sagte man, vom konservativen katholischen Laienorden Opus Dei geleitet, von Florentino Pérez Embid, der an seinen mönchischen Händen feine Ringe trug, sowie von einigen bebrillten und keuschen Jungen. Die Gruppe der Dichter, die sich in der kleinen Aula versammelte, war ein Bunker der Linken. José Hierro führte manchmal Blas de Otero und

Gabriel Celaya oder ähnliche Leute dorthin,
damit sie ihre Verse lasen. Dann füllte sich der
Raum mit dunkelhäutigen, aufmerksamen und
ungepflegten Studenten.

Francisco Umbral:
»La noche que llegué al Gijón« (1980)

Wer heute nach der Bedeutung des Ateneo forschen will, steige in das zweite Stockwerk, in die Bibliothek. Ihre Schwingtüren knarren zwar beharrlich, die Stühle sind unbequem und die Schreibpulte und Lampen uralt, doch sie ist jetzt die Hauptattraktion des Hauses. Viele Studenten lieben sie, weil sie bis nachts um viertel vor eins geöffnet ist und es sich in den breiten Fauteuils der Salons so behaglich schwatzen und ruhen läßt.

Das Haus der Weisen ist nun wieder unabhängig. Angeführt wird es vom emeritierten Philosophie-Professor Carlos Paris. Die Anzahl der Vorträge und der Tertulias hat jedoch stark abgenommen. 34 Angestellte halten den Betrieb aufrecht. Das Athenäum ist arm, denn es fehlen ihm Sponsoren, nur der freiwillige Einsatz von Mitgliedern erhält es am Leben. Das von außen ganz unscheinbare Gebäude ist aber äußerst besuchenswert und hält nach wie vor viele Überraschungen bereit. Eine Tagung der Anarchisten? Ein Treffen der Republikaner? Im Athenäum finden sie statt. Und zwar mit Stil.

63

7. Der Salón del Prado

Nach dem Besuch des alten Hauses tut eine Ruhepause gut. Etwas weiter oben an der Straße, an der sich Antiquitäten-Händler eingenistet haben, liegt der »Salón del Prado«. Er ist ein Kaffeehaus klassischen Stils mit kleinen runden Marmortischen, Holzstühlen, Zeitungen für das Publikum, großen Wandspiegeln, Kandelabern und dunkelbrauner Holztäfelung. In den Fensternischen haben Nachwuchs-Bildhauer Werke ausgestellt, leicht erhöht auf einem Podium steht ein Flügel.

Die Bedienung im »Salón del Prado« ist weiblich (für Madrid außergewöhnlich), hinter der Theke hantieren die Barmänner Angel und Pedro. Serviert werden hier hauptsächlich Kaffee der feinsten Art – vom äthiopischen bis zum brasilianischen – und Cava, die spanische Art des Champagners. Dazu bestellen die Gäste Canapés, belegte Brötchen mit Sardellen, Lachs und Paté. An den Nachmittagen ist der »Salón del Prado« ein ruhiger Plauderort. Ein Nebenräumchen ist mit seinen klassischen roten Plüschsofas wie dazu geschaffen, dort halten Stammgäste jeweils am Dienstag, Mittwoch und Donnerstag Tertulias ab. Am Wochenende, wenn das Publikum aus den nahen Theatern hereinströmt, ist das Lokal gestopft voll.

Der »Salón del Prado« hat eine gute Portion Patina angesetzt und ist deshalb sehr gemütlich, kaum jemand merkt, daß er in Wirklichkeit erst 15 Jahre alt ist. An seiner Stelle stand vorher ein Eisenwarengeschäft. Eine Gruppe von Freunden unternahm es, den Ort aufzuwerten, schließlich liegt er gleich neben der Plaza de Santa Ana, dem zweiten historischen Zentrum der Literaten. Am Eingang des Kaffeehauses erklärt ein Hinweis, daß wir uns im »Barrio de Letras«, dem historischen Schriftsteller-Viertel, befinden.

Diese Gegend wird so genannt, weil sich hier die ältesten Theater Madrids, darunter das Teatro Español und das Teatro de la Comedia, befinden, und weil hier Francisco de Quevedo (1580–1645), Lope de Vega (1562–1635) und Cervantes (1547–1616), die drei herausragenden Schriftsteller des spanischen Goldenen Zeitalters, gewirkt haben. Der große Spötter Quevedo wohnte ganz in der Nähe des Salóns del Prado, an der Nummer 7 der Straße, die heute seinen Namen trägt. Auch Cervantes hat die Stadtverwaltung eine Straße gewidmet. An der Nummer zwei »seiner« Straße belegt eine Inschrift samt Bildnis, daß der einarmige Genius, der erst mit 58 Jahren mit seinem »Don Quijote« zu Ruhm und ein bißchen Geld kam, hier gewohnt hat. Im Haus Nummer 18 der Calle de Huertas beendigte Cervantes im Jahre 1614 seine Reise zum Parnaß. Im Restaurant »Casa Alberto«, das sich im Erdgeschoß dieses Gebäudes befindet, haben die Besitzer das Ereignis auf Keramik-Kacheln festgehalten. Die »Casa Alberto« wurde 1827 eröffnet und ist Madrids älteste Taverne. Allein ihr Zinntresen, an dem Wermut vom Zapfhahn und Wein ausgeschenkt werden, ist einen Besuch wert.

Begraben liegt Cervantes im Kloster des Trinitarier-Ordens an der Calle Lope de Vega. Das Grab kann man nicht besichtigen, denn die Nonnen des Klosters leben – mitten im Ausgeh- und Vergnügungsviertel der Altstadt – in strikter Klausur. Eine Inschrift an der Hausmauer gibt jedoch an, daß Cervantes diesen Ort gewählt hatte, weil der Trinitarier-Orden maßgeblich daran beteiligt war, daß er aus seiner muslimischen Gefangenschaft in Algier freigekauft wurde. Fünf Jahre lang war er dort Sklave gewesen.

Lope Vega wohnte die letzten Jahre seines bewegten Lebens (er war Theaterautor, Schriftsteller, Liebhaber und Priester in einem) mit seinen sechs Kindern und einer Haushälterin an der Calle Cervantes 11. Das rote, zweistöckige Backstein-Gebäude ist als Museum eingerichtet. Die »Casa de Lope de Vega« ist heute wohl das einzige Haus Madrids, das noch ganz im intimen Stile des 17. Jahrhunderts gehalten ist. Lope, der es auf 1500 Theaterstücke brachte, fand 1627 Zeit, ein detailliertes Testament zu verfassen, in dem er sogar die Farbe seiner Möbel und Teppiche beschrieb. Er half damit ungewollt den Restaurateuren, sein Haus, zu dem sogar eine kleine Kapelle und ein Garten gehörten, getreu wiederherzustellen. Auch Lope ließ sich in seinem Viertel, nämlich in der San Sebastián-Kirche, beerdigen.

8. DIE CERVECERÍA ALEMANA

Die Kellner in der »Cervecería Alemana« sind auf die Frage vorbereitet. »Jawohl, da vorne, beim Fenster« antworten sie und zeigen auf ein viereckiges weißes Marmortischchen. Jawohl, beim Fenster, das den Blick auf die Plaza de Santa Ana freigibt, saß der Schriftsteller jeweils. Lucio, der sympathische Oberkellner mit dem tiefschwarzen Schnauz, geht noch ein bißchen weiter. Ihm zufolge hat Ernest Hemingway an jenem Tischchen an seinem Bürgerkriegs-Roman »Wem die Stunde schlägt« geschrieben.

Tatsache ist, daß Hemingway gerne die »Cervecería Alemana« (Deutsche Bierstube) aufsuchte, wenn er in Madrid und nicht irgendwo in Kuba, Mexiko, Afrika oder sonstwo unterwegs war. Insgesamt hat er mehrere Jahre in der Hauptstadt verbracht. Hemingway entdeckte Madrid nach seiner ersten Erfahrung mit dem Ritual und dem Tod der Stiere am »San Fermín«-Fest in Pamplona. Damals war er 23 Jahre jung und begann an einen Roman zu denken, dem er den Titel »The sun also rises« geben sollte und der mit »Fiesta« übersetzt wurde. In Madrid hauste Hemingway in der einfachen »Pensión Aguilar« an der Carrera de San Jerónimo, für die Schluß-Szene von »Fiesta« könnte ihn diese Herberge inspiriert haben.

Wichtiger war Hemingways zweiter Aufenthalt, seine Zeit als Korrespondent im Spanischen Bürgerkrieg für die Nachrichtenagentur NANA. Damals war er bereits berühmt, denn er hatte 1932, vier Jahre zuvor, mit viel Erfolg seine Stierkampf-Huldigung »Tod am Nachmittag« veröffentlicht.

In seinen Korrespondenten-Berichten aus Madrid verteidigte der Amerikaner die spanische Republik glühend. Er scheute auch nicht davor zurück, der Wahrheit ein bißchen nachzuhelfen, falls dies seiner Sache nützte. Aus Scharmützeln machte er wichtige Schlachten – und umgekehrt. Lange glaubten seine Leser, das republikanische Heer sei drauf und dran, den Krieg gegen die Franco-Truppen zu gewinnen. Hemingway setzte sich wirklich für die republikanische Seite ein. Er spendete 40 000 Dollar, damit das republikanische Heer Krankenwagen kaufen konnte. Einmal ging er im Pardo-Gebiet vor den Toren der Stadt sogar auf Hasenjagd, um den Soldaten, die ganz in der Nähe in Schützengräben gegen die anstürmenden Franco-Truppen ausharrten, das Menu zu bereichern. Meist trug er eine Baskenmütze und Stiefel, immer jedoch eine Whisky-Pulle mit sich. Mit dem amerikanischen Poeten Archibald Leish, dem Kameramann John Fermo und dem holländischen Regisseur Joris Ivens fuhr er an die Front bei Morata de Tajuña und drehte dort den Film »Spanish Earth«. Hemingway bezahlte ein Drittel der Drehkosten und zeigte den 50-Minuten-Streifen noch 1937 Präsident Roosevelt im Weißen Haus in Washington. »Er war ein mutiger Typ, er wollte außergewöhnlich und überall der erste sein und bewundert werden«, meinte Ivens später.

In den Anfangsmonaten des Bürgerkriegs, in denen Madrid bombardiert wurde, residierte Hemingway im Hotel »Florida«, das beim Callao-Platz lag, heute aber nicht mehr existiert. Das Hotel diente den meisten Kriegsberichterstattern als Hauptquartier. Dort lernte auch er andere schreibende Verteidiger der Republik kennen, darunter André Malraux, Antoine de Saint-Exupéry, Pablo Neruda und Rafael Alberti (geb. 1902), auch den Fotografen Robert Capa (1913–54) und Offiziere der Internationalen Brigaden. Mit Malraux soll er das Thema »Bürgerkrieg« in einem Pakt aufgeteilt haben. Malraux durfte die Zeitspanne bis zur Offensive von Guadalajara im Jahre 1937 beschreiben (daraus entstand der Roman »L'Espoir«), Hemingway übernahm den Rest (daraus wurde »Wem die Stunde schlägt«).

Im Hotel »Florida« schrieb Hemingway auch sein Theaterstück »Die fünfte Kolonne«, das 1940 in New York auf die Bühne kam. Es müssen für ihn intensive Monate gewesen sein, denn er war gleichzeitig herzhaft mit einer neuen Geliebten, der Journalistin Martha Gellhorn, beschäftigt. Mit seinem Landsmann John dos Passos (1896–1970) zerstritt er sich bald. Dos Passos blickte genauer hinter die Kulissen des Kriegs als Hemingway und begann, die Kommunisten zu hassen. »Für Hemingway war der Krieg eine Art Jagd-Ausflug mit politischer Färbung«, kritisierte auch sein Biograph Jeffrey Meyers. Nach Kriegsende schwor sich der Schriftsteller immerhin, erst dann nach Spanien zurückzukehren, wenn die letzten gefangenen Republikaner befreit waren.

Das war 1953. In den Jahren danach spielt die »Cervecería Alemana« eine wichtige Rolle. Hemingway ließ die Politik ganz beiseite und widmete sich seiner eigentlichen Leidenschaft, dem Tod, das heißt dem Stierkampf. Die Faszination des Todes teilte er mit dem Maler Goya. Häufig war er im Prado-Museum vor Goyas »schwarzen Gemälden« zu sehen. Hemingway ließ sich jeweils im Hotel »Suecia« nieder, das genau zwischen dem Prado-Museum und dem Santa-Ana-Platz liegt. Durch eine Hintertür des Hotels entwischte er neugierigen Presseleuten zu seinem täglichen Ausflug, der ihn in den Prado, die »Cervecería Alemana« und die Kneipe »El Callejón« in der Calle de la Ternera, einer Gasse beim Callao-Platz führte, wo er einfache und deftige spanische Kost aß und heftig Rotwein aus Navarra trank. (Seit 1998 heißt El Callejón »Cuando salí de Cuba« und ist ein kubanisches

Restaurant. Hemingway lebt aber darin weiter. In einer Ecke steht eine Büste von ihm, und an einer Wand hängen Fotos bei Tisch und auch auf Hochseefischfang mit einem erbeuteten Schwertfisch. Eines seiner Portraits signierte der Schriftsteller mit dem Spruch »dem Restaurant Callejón in Freundschaft gewidmet«.)

Die »Cervecería Alemana« war ein Treffpunkt von Stierkämpfern. Dort traf Hemingway Maestros und Debütanten, die von Triumphen träumten. Das Lokal liegt nur wenige Schritte vom Hotel »Victoria« entfernt, und das »Victoria« war, zusammen mit dem Hotel Wellington an der Velázquez-Straße, die traditionelle Absteige für Toreros, die in Madrid auftraten. Die Besitzer der Cervecería, die Familie González Peláez, liebte den Stierkampf ebenfalls. Don Ramón, der Patron, führte sogar eine Zeitlang die heute verschwundene Arena von Vista Alegre als Impresario. Er förderte einige Toreros ganz entscheidend, zum Beispiel Palomo Linares und Diego Puerta. Die Sippe der Dominguíns hatte in der Cervecería einen besonderen Status. Ihre Mitglieder konnten direkt hinter den Tresen gehen und sich verköstigen. In der »Cervecería Alemana« ging es getreu dem Leitspruch des Hauses liberal, stierkampffreundlich und demokratisch zu.

> In seinen letzten zwanzig Lebensjahren trank
> er einen guten Liter starken Alkohol pro Tag.
> HEMINGWAYS SOHN PATRICK

> Der Mann, der alle Kriegsschauplätze besuchte,
> im Herzen Afrikas an Jagden teilnahm und in
> der Karibik auf Hochseefischerei ausfuhr, war
> in Wirklichkeit ein erschrecktes Wesen, das nur
> schlafen konnte, wenn eine Lampe brannte.
> JOSÉ LUIS CASTILLO-PUCHE, SCHRIFTSTELLER,
> IN: »HEMINGWAY ENTRE VIDA Y MUERTE« (1968)

In Spanien glauben die Leute, ich sei ein
spanischer Schriftsteller. Natürlich bin ich es,
das ist sehr gut so.

<small>ERNEST HEMINGWAY</small>

Hemingway bewunderte Pío Baroja, er nannte
sich sogar seinen Schüler. Kurz vor dessen Tod
brachte er ihm ein Geschenk ans Krankenbett.
Es waren Wollsocken, eine Flasche Whisky und
ein Exemplar seines Buchs »Farewell to Arms«.
Nach Barojas Tod im Winter 1956 weigerte er
sich, den Sarg aus der Wohnung zu tragen.
Er sagte, er sei nicht würdig dazu. Cela wollte
ebenfalls nicht. Hemingway hatte sogar Tränen
in den Augen. Da war er mir echt sympathisch.

<small>JUAN MANUEL CABALLERO BONALD, SCHRIFTSTELLER</small>

Hemingway verachtete die Dominguíns und lobte dafür
deren Rivalen, die Ordóñez, in den Himmel. Dies ist
leicht zu erklären. In seinem Buch »Tod am Nachmittag«
hatte er den Torero Cayetano Ordóñez beschrieben. Nun
bewunderte er dessen Sohn Antonio, eins der Idole der
fünfziger Jahre. Antonio Ordóñez besaß alles, was den
rasch alternden Schriftsteller anzog und was er wohl für
sich selber wünschte: er war jung, schön, gutherzig,
mannhaft, reich und berühmt. Dazu hatte er eine hübsche
Frau. Hemingway reiste seinem Gott im Sommer 1959
mit zwei amerikanischen Freunden in einem Lancia kreuz
und quer durch Spanien nach, um alle Auftritte zu sehen.
Aus diesem Stoff und der Rivalität zwischen den beiden
Stars, die die Betroffenen übrigens viel gelassener als der
Autor nahmen, entstand 1959 die Artikelreihe »The
Dangerous Summer« für die Zeitschrift »Life«. Obwohl
Hemingway die Dominguíns haßte, und trotz seiner gele-
gentlichen Saufereien und verbalen Ausfälle (»Ich mach'

dich fertig, Dominguín«), wurde er in der Cervecería Alemana immer gut behandelt. So versichert es der Oberkellner Lucio.

Das erste Mal traf ich Hemingway in einer Madrider Bar, in der »Alemana« am Santa Ana-Platz. Ich wußte nicht, daß er ein renommierter Schriftsteller war. Damals verstand ich nur etwas von Stieren. Hemingway war eine eindrucksvolle Persönlichkeit. Ich merkte jedoch sofort, daß er ein Betrüger war. Er behauptete nämlich, er habe einen Wasserbüffel wie ein Massai mit dem Speer erlegt. Hemingway hatte ein riesiges Ego. Er gab vor, Dinge zu wissen, von denen er nichts verstand. Ich war ein Rebell, denn ich lehnte es ab, ihn Papa zu nennen. Statt dessen sprach ich ihn mit dem richtigen Namen, Ernest, an (...).
Es war schwierig, mit ihm zu reden (...), denn er sprach nur sehr schlecht Spanisch, eigentlich fast ein Kinderspanisch. Auch deswegen, weil er jeweils am Morgen arbeitete und anschließend sofort schwer zu trinken begann. Nur während seiner ersten Drinks war es möglich, mit ihm eine gute Konversation zu führen. Hemingway sprach vorwiegend von Frauen und brüstete sich mit seinen Liebeserfolgen. Einmal sagte er, er habe es an einem Morgen fünf Mal getrieben. Das war selbstverständlich absurd. Es war naiv von ihm zu denken, ich glaube ihm und wäre beeindruckt (...). Er fragte mich auch über mein eigenes Sex-Leben aus, besonders mit Ava Gardner. Ich fand das gefühllos und roh und antwortete, daß man einem Mann solche Fragen nicht stelle. Zu Ava hatte er nur eine kurze Zeit

*Ernest Hemingway mit dem von ihm bewunderten Torero
Antonio Ordóñez*

gute Beziehungen, nämlich während der Woche,
in der sie wegen eines schmerzhaften Nieren-
steins krank war. Hemingway versuchte den
Conquistador zu spielen. Sie wurde seiner
jedoch rasch müde.

Luis Miguel Dominguín, Stierkämpfer

Ich wußte, daß er ein weltberühmter Schriftsteller war, aber ich kannte seine Bücher nicht.
Hemingway war ein feiner Mensch: stark,
sympathisch, warmherzig und gütig. Er liebte
das Leben. Trotz meiner Cuadrilla waren wir oft
allein zusammen. Wir sprachen aber sehr wenig
über Stierkampf, denn wir hatten einen Pakt
geschlossen und abgemacht, daß ich ihm nicht
vormache, wie man Bücher zu schreiben habe,
und er mir nicht erkläre, wie man gegen Stiere
kämpft. (...) Hemingway kannte Spanien bestens. Auch die Sprache beherrschte er sehr gut.

Er wußte mehr über Spanien als die meisten ge-
bildeten Spanier. Anzeichen von Katholizismus
sah ich bei ihm keine, doch er achtete den Glauben anderer Leute. Ich kam immer perfekt mit
ihm aus und hatte nie das Gefühl, er sei posses-
siv und dominant. Den Stierkampf verstand er
sozusagen vollkommen. Spanier beachten die
Meinung von Ausländern allerdings nie, wenn es
sich um die Corrida oder um Flamenco handelt.
Antonio Ordóñez, Stierkämpfer

Mit seinen leidenschaftlichen Stellungnahmen setzte sich
Hemingway bei vielen Spaniern in die Nesseln. In »The
Dangerous Summer« spielte er nicht nur Dominguín gegen Ordóñez aus, sondern wagte es sogar, das absolute
Landesidol, den 1947 in der Arena verstorbenen Manolete, als einen billigen Trickser und dessen Anhänger als
unwissend zu verunglimpfen. Das Stierkampf-Publikum,
das ihn zuvor beklatscht hatte, wenn er mit seiner Schie-
bermütze in den Arenen auftauchte, war nun beleidigt.
Als die spanische Version des »Gefährlichen Sommers«
erschien (Dezember 1960), war der Schriftsteller jedoch
bereits außer Landes. Sieben Monate später war er tot.

Amerikanische Journalisten haben in den sechziger und
siebziger Jahren sein Andenken geehrt, in dem sie sich täglich in der »Cervecería Alemana« zu einem Schwatz trafen. Manchmal setzten sich auch Offiziere der US-Luft-
waffenbasis von Torrejón de Ardoz zu ihnen. Eine Flasche
Rotwein oder ein Glas Fino und dazu Jamón Serrano
(Bergschinken) gehörten zu jeder Plauderei.

Das simpel eingerichtete Lokal mit seiner schokolade-
braunen Holzverkleidung, seinen altmodischen Ventilato-
ren und den schauerlich-schönen Stierkampf-Bildern aus
den fünfziger Jahren an den Wänden war schon vor der
Zeit Hemingways ein wichtiger Treffpunkt. Vom nahe-

74

gelegenen Pelota-Spielplatz kamen Sportler, und von den Theatern strömte literarisch angehauchtes Publikum hierher. Die Cervecería lag so günstig, daß sie einfach nicht zu umgehen war.

1904 hatten Deutsche sie eröffnet (deswegen ihr Name), und 1920 ging sie in die Hände der González Peláez über. In die Cervecería kam schon der Wissenschaftler und Nobelpreisträger Santiago Ramón y Cajal. Er studierte aber nicht neue Theorien, sondern las Comics, die er an einem Kiosk an der Plaza de Santa Ana zu kaufen pflegte. In diesem Lokal spielte auch der Bohemien Valle-Inclán Mus, ein einfaches und gleichzeitig verzwicktes Kartenspiel, bei dem das Mienenspiel wichtig ist. Interessanterweise besuchte auch Valle-Incláns Erbfeind, Diktator Primo de Rivera, die Cervecería. Der General war ein ausgesprochener Nachtschwärmer und pflegte sich nicht vor drei Uhr früh zur Ruhe zu legen. Er war dafür bekannt, daß er täglich eine Siesta schlief und dazu sogar ein Nachthemd samt Mütze anzog. Danach war er für den zweiten Teil des Tages frisch.

Heute schließt die »Cervecería Alemana« schon um halb ein Uhr nachts, an Wochenenden natürlich später. Nach wie vor wird sie von Theater- und Stierkampfpublikum besucht. Auch viele ausländische Touristen sitzen an ihren weißen Marmortischchen. Die meisten Kellner arbeiten schon mehr als zehn Jahre im Lokal und gehören sozusagen zum Inventar. Sie werden wohl noch lange in der Cervecería weiterarbeiten können, denn die Familie González ist mehr am Ruhm und am Stil des Lokals als an hohem Gewinn interessiert. Alle vier Jahre wird die Cervecería neu gestrichen – aber verändert wird sie nicht.

ZWEITE ROUTE:
NÖRDLICH DER PUERTA DEL SOL

9. PERICO CHICOTE, DER GROSSE MISCHER

Und im Chicote ein festliches Mahl
mit der Crème der Intellektuellen
AGUSTÍN LARA IM LIED
»MADRID, MADRID, MADRID«

Eine zweite Künstlerroute führt von der Puerta del Sol an die Gran Vía und dort den Verkehrsstrom hinunter zum großen, kreisrunden Cibeles-Platz. An der Nummer 12 der Gran Vía schrieb Alkohol ein Kapitel Madrider Geschichte. Über dem Eingang steht geschrieben, daß hier Perico Chicote im Jahre 1931 seine »historische Bar« eröffnet hat, um darin »Getränke, Leben und Meinungen zu mischen«.

An den Wänden im ersten Raum des Lokals hängt eine Auswahl von Fotografien, die zusammen eine halbe Kultur- und Glamourgeschichte des Madrids der dreißiger, vierziger und fünfziger Jahre ergeben. Die Schlagersängerinnen Lola Flores und Carmen Sevilla, die damals am Anfang ihrer Laufbahn standen, schauen ernst in die Runde, Salvador Dalí hält seinen Zwirbelschnauz ins Bild, der andalusische Stierkämpfer Juan Belmonte posiert mit seiner Boxernase, auch der blutjunge Matador Palomo Linares blickt in die Kamera. Überraschend viele Filmgrößen sind in diesem Lokal erschienen und haben sich ablichten lassen. Auf einem Bild strahlt Ava Gardner ihre

76

Perico Chicote und seine Gäste

umwerfende Schönheit aus, neben ihr steht ein junger, hagerer Frank Sinatra. Romy Schneider, Sophia Loren mit übertrieben spitzem Busen, Giulietta Masina mit Ehegatte Federico Fellini, Gary Cooper, Charlton Heston, Yul Brynner, der dünne, baumlange James Stewart, der Cervantes' Don Quijote spielte, und der mexikanische Humorist Cantinflas, sein Gehilfe Sancho Pansa: sie alle waren hier. Auch Grace Kelly, Fürst Rainier und Hemingway.

Der Mann, der all diese Persönlichkeiten in das Lokal lockte, hieß Perico Chicote und war sein Besitzer. Fein gekleidet und mit nach hinten gekämmtem Haar lächelt er auf fast allen Bildern. Sein Erfolg ist um so erstaunlicher, wenn man bedenkt, daß er nur wenige Worte Englisch sprach und einen Übersetzer benötigte, wenn er einem seiner zahlreichen angelsächsischen Gäste etwas Ernsthaftes sagen wollte. Doch das machte ihm nichts aus. Perico Chicote hat immer alles gewagt – und gewonnen. Mit acht Jahren arbeitete er als Barjunge in einer Kneipe neben dem Mostenses-Markt. Die Lastenträger stärkten sich mit Anis-Schnaps. Bereits da kam ihm die Idee, es müsse andere, feinere Getränke geben. Mit 20 half er im noblen Hotel Ritz neben dem Prado-Museum aus. Als der brasilianische Botschafter nach einem geglückten Empfang jedem Barmann eine Flasche seltenen Likörs schenkte, begann der junge und ehrgeizige Chicote international zu denken und Spirituosen-Flaschen aller Art zu sammeln.

Seine Bar eröffnete er 1931, als in Spanien die angelsächsische Erfindung des Cocktails Mode wurde. Damals schrieb man das Wort noch in seiner Urform, nämlich »Cock-tail«. Chicote erfand immer neue Mischungen und wurde zum eigentlichen König des Cocktails. Eine seiner Schöpfungen weihten drei Schönheiten der Epoche ein. Sie sind auf einem Bild an der Wand seines Lokals zu sehen, wie sie im Can-Can-Stil auf dem Tresen sitzen und mit dem Getränk in der Hand posieren. Daneben preist Araceli Castro, ein Sternchen jener Zeit, Chicotes neuen heißen Mix an, indem sie am Cocktail nippt und ihr Kleid bis zur Hüfte hochzieht. Das geschah im aufregenden und für Spanien fatalen Jahr 1936.

Chicote taufte seine Kreation »Crónica 1936 Cock-tail« und verriet das Rezept:

> Eiswürfel
> einige Tropfen Maraschino
> einige Tropfen Bitter Orange
> wenige Tropfen roter Curaçao
> ein halbes Gläschen guten Cognacs
> dasselbe an italienischem Wermut
>
> Das Ganze gut mischen, mit einem
> Stück Orangenschale versehen und in
> einem Cocktail-Glas servieren.

Perico Chicote stammte aus einfachen Verhältnissen. Er malte nicht, er schrieb und dichtete nicht, dafür wurde er zum Poeten des Alkohols. Seine Cocktail-Bar war ein toller Erfolg und blieb auch während des Bürgerkriegs offen. Geführt wurde sie in dieser Zeit allerdings von den Kellnern. Chicote hatte nämlich das Pech – oder das Glück –, sich beim Ausbruch des Konflikts in seinem Sommerlokal im Seebad San Sebastián aufzuhalten, das alsbald in die Hände der Aufständischen fiel. Dort blieb er bis zum Kriegsende.

Eingeweihte behaupten, sie sei ein Treffpunkt für Spione gewesen. Hemingway siedelte hier Szenen von dreien seiner Kurzgeschichten aus den Jahren 1938 und 1939 (»The Denunciation«, »The Butterfly and the Tank« und »Night before Battle«) an und bestätigt in »The Denunciation« die Annahme. Er beschreibt, wie er einen Falangisten, den er von früher kannte und der im »Chicote« dreist herumspionierte, verhaften ließ. Hemingway schildert die Stimmung in der Bar und ihren Besitzer:

> Ich marschierte mit dem Stück Fleisch, das ich ergattert hatte, quer durch die Stadt. Flugzeuge bombardierten die Gran Vía, und ich trat in das »Chicote«, um das Ende des Angriffs abzuwarten. Drinnen war es lärmig, der Raum war vollgestopft. Ich setzte mich an einen kleinen Tisch in einer Ecke und kippte einen Gin Tonic. Das Fenster daneben war mit Sandsäcken vor Angriffen geschützt. Neben mir auf der Bank lag das Fleisch. In jener Woche hatten wir entdeckt, daß noch Tonic vorhanden war. Seit Kriegsbeginn hatte niemand mehr davon bestellt, und es war noch zum alten Preis zu haben.
> Das Vorkriegs-»Chicote« war vom Schlage des »Stork«, aber ohne Musik und Debütantinnen, oder wie die Männer-Bar im »Waldorf«, wenn sie Frauen hereinlassen. Es waren zwar Frauen

da, aber sie waren nicht wichtig. »Chicote« war ein Ort für Männer. Sein Besitzer war Pedro Chicote, ein Typ, der sein Lokal prägte. Er war ein hervorragender Barmann, zudem immer angenehm, fröhlich und voller Lebenslust. Chicote war so wunderbar effizient wie George, der Chasseur in der Bar des »Ritz« von Paris. Und das will was heißen.

In »Night before Battle« beschreibt Hemingway einen Landsmann, der als Freiwilliger für die Republik kämpfte, zwischen zwei Schlachten.

Das »Chicote« war so vollgestopft, daß man sich mit den Ellbogen Raum schaffen mußte, um den Drink an die Lippen zu kriegen. Ich schaffte einen guten und langen Schluck Whisky Soda. Dann schubste mich jemand, so daß ich mein halbes Glas auskippte. Verärgert schaute ich mich nach dem Störenfried um. Der lachte und sagte: »Hallo, Fischgesicht.«
»Hallo, alte Ziege.«
»Setzen wir uns, du hast aber sauer ausgesehen, als ich dich stieß.«
»Wo kommst du her?« fragte ich. Sein Ledermantel war schmutzig und speckig, seine Augen saßen in tiefen Höhlen, und er brauchte dringend einen Barbier (...)
»Von der Casa de Campo«, antwortete er. (...)
Wir saßen an einem Tisch in der Mitte des Raums, und ich beobachtete ihn, wie er das Glas hob. Seine Hände waren schmierig. Zwischen Daumen und Zeigefinger hatte sich an beiden Händen eine schwarze Schicht vom Rückstoß seines Maschinengewehrs gebildet. Die Hand

am Glas zitterte. »Schau sie nur an«, sagte er,
und streckte auch die andere Hand hin. Auch sie
zitterte.

Nach dem Krieg wuchsen Perico Chicotes Ruhm und
seine Flaschensammlung rasch. Der Barmann wurde international
berühmt und amtierte als eine Art fliegender
Botschafter für sein Land. Berufsgilden in Frankreich,
Deutschland, Italien, der Schweiz, in England und den
Vereinigten Staaten machten ihn zum Ehrenmitglied. Chicote
reiste in der halben Welt herum, um seltene Flaschen
zu erstehen. Ein Wodka seiner Sammlung soll aus dem
Vorrat des letzten Zaren stammen, ein Cognac der Marke
»Grande Reserve 1811« kam zu Napoleons Zeiten in die
Flasche, einen seltenen Chrisanthemen-Likör erhielt er
aus China. Chicote verwandelte seinen Schatz, der am
Schluß mehr als 10 000 Einzelstücke umfaßte, in ein Museum.
Allein deswegen besuchten viele Leute sein Lokal.
  Der Barmann blieb Junggeselle und war äußerst geschäftstüchtig.
Berühmtheiten behandelte er zuvorkommend:
Er zeigte ihnen sein Museum, das im Kellergeschoß
die Regale von zwei langen Wänden füllte, ließ sich mit
ihnen davor ablichten und schenkte ihnen zum Schluß
eine Flasche seiner Erfindung, auf deren Etikett der Name
des Besuchers stand. Ava Gardner muß er besonders geschätzt
haben, denn er benannte zusätzlich ein Cocktail-Glas
mit gekrümmtem Stiel nach ihr. Die Gäste, die ihm
nicht genehm waren, ekelte er hinaus, indem er ihnen den
dreifachen Betrag auf die Rechnung schreiben ließ. Der
Schriftsteller Juan Manuel Caballero Bonald (geb. 1928)
und der Dichter Angel González (geb. 1925) erzählen
heute, daß sie in den fünfziger Jahren zu arm waren, um
ins »Chicote« zu gehen. Sie mußten sich mit einem Milchkaffee
im nahen »Café Gijón« begnügen.
  Die Cocktail-Bar war schick und hatte sich um 1950

zu einem Treffpunkt der Frankisten entwickelt. Im »Chicote« wurden jedoch nicht nur Getränke gemischt und Informationen ausgetauscht. Hinter dem Tresen wurden Produkte gehandelt, die in jenen harten Zeiten der Isolation des Landes von den europäischen Demokratien auf dem Markt nicht erhältlich waren, zum Beispiel das lebensrettende Penicillin. Brauchte jemand eine Wohnung, eine Stelle oder eine Empfehlung für ein Ministerium, sprach er bei Chicote vor. Der Barmann hatte überall Kontakte. Selbst Staatschef Franco forderte bei Empfängen seine Dienste an.

Auch Frauen waren kein Problem. An den Tischen der Cocktail-Bar saßen jeweils vom Nachmittag an, wenn die Tertulias zu Ende waren, ältere Edel-Nutten. Die Kellner kannten ihren Preis und vermittelten ihnen diskret die Kundschaft. Der Schriftsteller Francisco Umbral erinnert sich, wie die Frauen ihn als Studentchen traktierten und abblitzen ließen. Sie waren für zahlungskräftige Männer der frankistischen High Society reserviert. Diese machte es sich zum Brauch – und aus Prestigegründen sogar beinahe zur Pflicht – die prüden Sitten der Zeit zu umgehen und sich eine Geliebte zu halten. Im »Chicote« waren sie alle unter sich. Razzias gab es dort höchstens dann, wenn ein neuer Innenminister das Amt übernahm und seine Macht zeigen wollte. Wenn der Mexikaner Agustín Lara im folkloristischen Hit »Madrid, Madrid, Madrid« Chicotes Cocktail-Bar (ohne sie gesehen zu haben) als einen Ort beschreibt, an dem die Creme der Intellektuellen verkehrt, muß man dies mit Vorsicht genießen. Es waren die Intellektuellen des Franco-Regimes. Der Ruf der meisten von ihnen hat das Regime nicht überlebt. Heute ist nur noch Agustín de Foxá (1903–1959), ein Diplomat und Schriftsteller, bekannt.

Chicotes Flaschenmuseum war so berühmt, daß der Reeder Onassis es ihm abkaufen wollte. Als der Besitzer abwinkte, schenkte Onassis ihm aus Respekt zwei Flaschen seltenen Likörs.

Wäre der Handel doch nur zustandegekommen. Das Museum ist nämlich spurlos verschwunden. Heute befinden sich in Chicotes Kellergeschoß nur noch Kücheneinrichtungen und der Umkleideraum der Kellner. Chicote hatte vor seinem Tod im Jahre 1977 festgehalten, die Sammlung müsse der Öffentlichkeit erhalten bleiben. Seine Erben respektierten den Wunsch jedoch nicht und verkauften sie 1979 dem Geschäftsmann Ruiz Mateos, der seinen Rumasa-Konzern um eine Besonderheit bereichern wollte. Doch der Konzern stand auf tönernen Füßen. Drei Jahre später verstaatlichte die Regierung Ruiz Mateos' Besitz – und damit das Flaschenmuseum. 1984 soll es unter Ausschluß der Öffentlichkeit versteigert worden und irgendwo in Südamerika gelandet sein. Welch tristes Ende einer berühmten Einrichtung.

Auch Chicotes Bar ging in andere Hände über. 1987 rehabilitierten die neuen Besitzer das Lokal im alten Stil. Noch immer steht der lange Tresen, an den sich früher die Berühmtheiten lehnten, noch immer ist die Liste der Cocktails lang. Wer will, genehmige sich den »Cocktail Chicote«, eine Mischung aus Curaçao, Grand Marnier, Gin und Wermut. Auch die dunkelgrünen Sessel im Hauptraum stammen aus der alten Zeit. Die Kundschaft hat sich jedoch stark verändert, heute finden bei Chicote Geschäftsleute eine ruhige Atmosphäre für Gespräche. Zur Aperitif-Zeit erscheinen Gäste, die nachher die Theater und Kinos der Umgebung besuchen, bisweilen auch eine Filmgröße, etwa der Regisseur Pedro Almodóvar oder der Schauspieler Javier Bardem, auch Touristen und ältere Leute, die die goldenen Zeiten des Lokals und die Zeiten seiner Tertulias nachempfinden wollen. In den sechziger Jahren unterhielten bei Chicote Schauspieler, Regisseure und Autoren, unter ihnen der bissig-humorige

Autor Miguel Mihura (1905–1977), einen Stammtisch für das Theatervolk. Auch der Literaturkritiker José María de Cossío (1893–1977), der wegen seiner vierbändigen Bibel über die Tauromachie berühmt wurde (sie heißt »Los Toros«), saß auf Chicotes Ledersesseln. Das Werk kostete ihn 18 Jahre Arbeit. Cossío war nebendrein ein überzeugter Tertulianer und ließ es sich nicht nehmen, im »Chicote« seinen eigenen Stammtisch abzuhalten.

10. UNTER DEM DACH DER MINERVA

200 Meter unterhalb von Chicotes Cocktail-Bar, dort, wo sich die Gran Vía mit der Calle de Alcalá vereint, steht ein Gebäude, das den Besucher aufblicken läßt. Es ist ein mächtiger, turmartiger Palast mit Säulen und Friesen, der von einer Statue der Göttin Minerva gekrönt ist und vor dem mächtige Plakate prangen, die künstlerische Ereignisse ankündigen. Auch das Innere des Gebäudes erstaunt: weite, hochräumige Säle, griechische Statuen, Friese, Wandspiegel und eine geschwungene weiße Marmortreppe bis ins fünfte Stockwerk, als handle es sich um den Palast eines Adeligen. Das Gebäude heißt schlicht »Círculo de Bellas Artes«. Es ist das Haus der Künstler.

Die Künstler haben großzügig gedacht, damals. 1926 weihten sie im Beisein von König Alfons XIII. ihren Palast ein. Es war der Höhepunkt einer stolzen Entwicklung. Im Jahre 1880 hatten der Maler Plácido Francés und 14 Berufskollegen genug von den hohen Kosten, die ihnen Galeristen für ihre Ausstellungen abzogen, und suchten ein eigenes Lokal. So entstand der »Círculo de Bellas Artes«. Zwei Generationen später war er so vermögend, daß seine Mitglieder sich an der feinen Calle de Alcalá ein Gebäude erbauen lassen konnten.

Die Künstler konnten nicht ahnen, welche politischen Turbulenzen sie erwarteten. Zehn Jahre nach der Einweihung waltete im »Círculo de Bellas Artes« ein republikanisches Volksgericht und dienten die Kellerräume als Gefängnis für Anhänger der aufständischen Generäle. Nach dem Bürgerkrieg wurde das künstlerische Leben auf den nationalen Bereich reduziert. Die Maler, zu denen sich nun die Gilde der Bildhauer, Musiker und Schriftsteller gesellte, führten Ausstellungen und Wettbewerbe durch und verteilten Medaillen und Preise. Alle Prämierten verpflichteten sich, eins ihrer Werke dem »Círculo« zu vermachen. Deshalb besitzt die Institution heute einen ansehnlichen Schatz an Bildern und Skulpturen. Ein Teil davon ist in seinen Räumen ausgestellt. Es handelt sich allerdings um Werke von Künstlern, deren Ruf nicht über die Landesgrenzen hinausgelangt ist. Ein Miró, ein Picasso, ein Chillida oder ein Tápies sind im Schatz nicht zu finden. Diese Künstler waren Feinde des offiziellen frankistischen Kunstbetriebs und hielten sich von Institutionen wie dem »Círculo« fern, obwohl dieser behauptete, politisch unabhängig zu sein. Sie gehörten ohnehin der Avantgarde an, mit der man dazumal im Hause der Künstler nicht viel anfangen konnte.

Mit der Zeit konnten die 6000 Mitglieder des »Círculo« die hohen Kosten des Hauses mit ihren Beiträgen nicht mehr decken. Auch die Subvention des Kulturministeriums reichte nicht mehr aus. Im Hause arbeiteten inzwischen – in marineblauer Uniform und mit einer eingestickten Minerva im Kragen – über 100 Angestellte. Da kam die Leitung auf die Idee, sich wie in den Anfangszeiten mit Glücksspielen zu finanzieren. Vom Innenminister Camilo Alonso Vega holten sie sich, ohne Wissen des »Alten«, das heißt von General Franco, der Glücksspiele untersagte, die Erlaubnis, »ohne Aufsehen zu erregen« und »ohne Skandale« ein Kasino zu betreiben. So geschah es, daß sich Mitglieder des Künstlerzirkels von den fünfziger Jahren an in den oberen Stockwerken diskret Geldspielen hingaben. Sie trugen dazu bei, ihre Institution am Leben zu erhalten. Über ihnen malten Kunststudenten Aktbildnisse, in den Sälen darunter fanden Ausstellungen statt, und im großen Raum des Erdgeschosses, der wie ein riesiges Schaufenster gegen die Calle de Alcalá hinausgeht, plauderten die Mitglieder: nur Männer. Frauen durften bis zum Jahre 1966 nicht Mitglied der Institution werden.

Der Raum im Erdgeschoß hieß »Salón de Conversación« und war stadtbekannt, denn jahrzehntelang flanierte halb Madrid an seinen Fenstern vorbei und guckte neugierig in die halbgeheime Welt dieses Klubs. Die Decken sind mit allegorischen Gemälden bemalt, an den Wänden hängen Werke von wenig bekannten spanischen Malern, seine Breitseiten zieren Statuen. Für eine der Statuen von Julio Vicent stand María Teresa, die kräftige und schöne Maniküre des Hauses Modell. (Richtig: Die Mitglieder des »Círculo de Bellas Artes« verfügten über einen eigenen Manikür- und Frisiersalon. Zudem spielten sie im vierten Stock – und spielen sie noch heute – in einem wunderschönen Saal Billard.) Vor mächtigen gelben Säulen plauderten ältere Mitglieder in breiten Fauteuils und schauten sich den Menschenstrom an, der vor ihnen auf der Calle de Alcalá vorbeidefilierte.

Halb verächtlich, halb neidisch kommentierten die Madrilenen, daß die Alten in diesem Saal »ihre Socken zeigten«. In einer Ecke saßen die Baulöwen der Epoche, in einer anderen bildete die »Gruppe von Moskau«, die angeblich aus linksstehenden Mitgliedern bestand, ihre Tertulia. Die bekannteste Gruppe aber war die »Peña del Bicarbonato«, was etwa mit »Alka-Seltzer-Gruppe« zu übersetzen ist. Ihre Mitglieder waren alt und offenbar so geizig, daß sie nur dann zum Stock griffen und sich erhoben, wenn sie mit Bikarbonat angereichertes Wasser trinken wollten. Ältestes Mitglied war Luis Mitjans, er zählte 101 Jahre, wurde morgens in den Salon getragen und abends wieder abgeholt. Der Volksmund nannte diesen Raum »la Pecera«, das Aquarium, weil ihnen die Menschen hinter den vier großen Fensterwänden wie stumme und glotzende Fische vorkamen.

Heute ist die »Pecera« die Bar des Hauses. Noch stehen und hängen die alten Kunstwerke da, doch die Stimmung ist ganz anders. Junge Kellner bedienen Kunststudenten, die vom Aktzeichnen oder nach einer Ausstellung, einem Vortrag, Theaterstück oder Konzert in den oberen Räumen hinuntergekommen sind. In den gemütlichen Ledersesseln treffen sich nach ihren Auftritten auch Künstler und Literaten mit ihren Freunden zu einem Kaffee. Von den Schriftstellern waren in der letzten Zeit der Uruguayer Mario Benedetti, Michel Tournier, Gore Vidal, Ismael Kadare, Ernesto Sábato, Kenize Mourad, der Nobelpreisträger José Saramago und Jostein Gaarder da. Sogar Juan Goytisolo, der das offizielle Spanien verabscheut, betritt das Haus. Der »Círculo de Bellas Artes« hat sich in den Jahren der Demokratie eine neue Führung gegeben und der Welt geöffnet. Er ist ein hehres Zentrum künstlerischen Schaffens, in dem die Avantgarde einen breiten Platz einnimmt. Heute betritt man die »Pecera« mit Stolz, als Symbol des lockeren und schöpferischen Madrid.

11. Die Cervecería de Correos

Das Lokal liegt an der Plaza de Cibeles, an der alle Gebäude zyklopisch sind. Jenseits des großen Rundes zeigt sich in seiner neoklassizistischen Pracht Spaniens Nationalbank. Gleich neben dem Lokal steht der elegante Linares-Palast, einst Besitz der verschrobenen Adelsfamilie Murga, der Marquis von Linares. Heute dient er den lateinamerikanischen Nationen als Kulturzentrum und heißt »Casa de América«. Gegenüber erhebt sich ein mächtiges Gebäude, das die einen Madrilenen mit Stolz erfüllt und andere zum Spott anregt. Es ist die Hauptpost, die pompös »Palacio de Telecomunicaciones« getauft wurde. Dieser Steinklotz wurde am Anfang des Jahrhunderts eingeweiht, als Spanien es wegen der kurz vorher verlorenen letzten Kolonien für notwendig hielt, den Nationalstolz hervorzukehren. Er ist mit steinernen Wappen, Zinnen und Türmen versehen, als müßte das Land nochmals einem Feind trotzen. Zuoberst, wo der Blick bis auf das Guadarrama-Gebirge reicht, weht, unerreichbar, die Landesfahne.

In der Mitte des Platzes thront auf einem Brunnen die Göttin Cibeles. Sie sitzt auf einem Triumphwagen, der von Löwen gezogen wird, und schaut gelassen auf den mächtigen Verkehrsstrom. Die Plaza de Cibeles zieht Fotografen und, bei besonderen Anlässen, Sportfans an. Die einen versuchen, trotz des Verkehrs, von hier aus das typischste Bild der Stadt, die Ansicht des Brunnens mit

Die Schutzgöttin Cibeles auf ihrem Brunnen am gleichnamigen Platz

der Calle de Alcalá im Hintergrund, auf den Film zu bannen, die anderen mit Triumphgeschrei auf die Cibeles zu klettern, wenn ihr Fußballverein Real Madrid einen Pokal gewonnen hat. Dann versuchen die Polizisten zu verhindern, daß die Begeisterten der Göttin eine weiß-violette Klubfahne in die Hand stecken oder sich ins Wasserbecken zu ihren Füßen stürzen.

Die Cervecería de Correos nimmt sich neben dieser Ansammlung von Gebäuden und Momumenten ganz und gar unscheinbar aus. Ihr Eingang ist eng und niedrig. Über fünf Treppenstufen geht es in in den Schankraum hinunter. Schwarz-weiße Fliesen, schwarz bemalte Holzverkleidungen und viel Messing geben dem Lokal den Charakter einer Bierschenke, sorgfältig gerahmte Bilder mit Madrider Szenen zeigen längst vergangene Zeiten.

Die Cervecería wirkt zuerst klein. Doch in Wirklichkeit ist sie labyrinthisch groß. Tomás Ontoria, der Besitzer, hat hinter dem Schankraum mehrere Säle eingerichtet und zuinnerst ein halbverstecktes Eßzimmer angefügt, in dem Gäste nur auf Bestellung speisen können. Geschäftsleute, Journalisten des nahen, von der katholischen Kirche geführten Rundfunksenders »Cope« und Nostalgiker aller Art treffen sich heute in der Cervecería zu einem raschen Häppchen oder zum Essen.

Die Seele des Lokals ist Tomás Ontoria. Tomás ist Sohn eines Schmieds und stammt aus dem Bergdorf Peguerinos bei El Escorial. Mit 17 ist er nach Madrid gekommen, um Karriere zu machen. Jetzt ist er 58, noch immer wieselflink und hat es geschafft. Tomás Ontoria ist, auf seine Art, ein zweiter Chicote: ein Barmann von Ruf. Er hat noch Ava Gardner in der verschwundenen Bar »Los Robles« an der Avenida de la Castellana Cocktails gemischt, er hat im Londoner Hilton-Hotel gewirkt und unterrichtet heute die junge Generation in der Kunst des Cocktail-Mixens. Die »Cervecería de Correos« hat er 1994 übernommen. Sie ist die 16. Station seiner Laufbahn und soll die letzte bleiben. So lange er lebt, wird das Lokal so bleiben, wie es ist. Man muß es ihm glauben, denn Tomás strahlt einen unbesiegbaren Optimismus aus. Die 15 Angestellten des Lokals nennen ihn den »kleinen großen Chef«.

Die »Cervecería de Correos« ist nur für Insider ein Tip. Das Lokal liegt versteckt, versteckt und halb vergraben ist auch seine Geschichte. Weder Tomás Ontoria noch seine Angestellten vermögen sie zu erzählen. Den literarischen Ruf hat dem Lokal die Dichtergeneration von 1927 gegeben. Die Cervecería war eine Absteige der Poeten-Gruppe um Federico García Lorca und der Ausgangspunkt für ihre Streifzüge durch die Stadt. García Lorca und seine Freunde kamen jeweils am späten Nachmittag von der »Residencia de Estudiantes« herunter, wo sie lebten und arbeiteten. Die Residencia liegt auf einem sanften Hügel im jetzt großgeklotzten Norden der Stadt. Pappeln schützen sie wie eine Oase. Damals war das anders, damals lag sie außerhalb Madrids im Grünen. Das einzige große Gebäude der Umgebung war die Tribüne der Pferderennbahn. Die Studenten mußten in die Stadt hinunterfahren, um sich zu vergnügen.

Die politischen Verhältnisse waren zwar zunächst widrig (bis zum Anbruch der Zweiten Republik im Jahre 1931 herrschte General Primo de Rivera). Doch blickt man zurück, waren die Jahre zwischen 1925 und 1936 die vergnügtesten und künstlerisch und literarisch tollsten des ganzen Jahrhunderts. Die Generation der Poeten von 1927 brachte frisches Blut in das literarische Leben. Lorca und seine Freunde, zu denen Rafael Alberti, Salvador Dalí, Pedro Salinas, Jorge Guillén und Manuel Altolaguirre zählten, waren alle um die 25 Jahre alt, voller Ideen und Flausen. Die Cafés und Theater der Stadt waren voll, die Tertulias blühten. Sogar südamerikanische Schriftsteller wollten das swingende Madrid kennenlernen und wurden von den spanischen Kollegen freundlichst aufgenommen. Der Kubaner Alejo Carpentier (1904–80) kam 1933 aus Paris und erzählte nachher, er habe in Madrid Freundschaften mit Lorca, Salinas, Marichalar, Pittaluga und vielen anderen geknüpft. In Paris hatte Carpentier nie Kaffeehäuser besucht, weil er dies als eine abscheuliche Art der Zeitverschwendung betrachtete. Er gab jedoch zu, daß er in der »Cervecería de Correos« mit García Lorca und dessen Freunden äußerst amüsante Stunden erlebt habe. Der Dichter aus Granada führte hier eine Tertulia an, die 1935 jeden Nachmittag stattfand.

Auch Pablo Neruda, seines Zeichens Konsul von Chile, genoß diese Zeit. Der Botschafter seines Landes in Madrid hatte ihn kurzerhand von seinem Posten in Barcelona in die Hauptstadt berufen, weil er das künstlerische Leben in Madrid viel interessanter fand. Neruda nutzte die Chance und lebte in vollen Zügen und traf seine spanischen Freunde jeden Tag.

»Von der Avenida de Castellana oder der Cervecería de
Correos fuhren wir jeweils in einem der zweistöckigen
Autobusse (...) zu meinem Haus im Argüelles-Viertel und
stiegen dort in lärmenden Gruppen aus, um zu essen, zu
trinken und zu singen«, schrieb er später in seiner Lebens-
beichte »Confieso que he vivido«. Sein Haus trug den
poetischen Namen »Casa de las Flores«. Dort feierte die
Freundesgruppe manchmal mehrere Tage ohne Unterlaß.
Jeder trug seine neuesten Schöpfungen vor, García Lorca
sang, spielte Gitarre und rezitierte Verse. Zu der Gruppe
gehörten auch Rafael Alberti, Manuel Altolaguirre, José
Bergamín, die Poeten Luis Cernuda und Vicente Alei-
xandre, der Architekt Luis Lacasa und Eduardo Ugarte,
der zusammen mit García Lorca die Theatertruppe »La
Barraca« leitete, die durch die Provinzen reiste. Auch
Frauen machten mit. In seiner Ode an Federico García
Lorca, die im Band »Residencia en la tierra« steht, zählt
Neruda all seine Freunde auf. Für ihn war es die große
Zeit seines Lebens. Zwei Jahre vor seinem Tod erinnerte er
sich daran und sagte: »Es war eine glänzende und generöse
Renaissance des künstlerischen Lebens in Spanien wie kei-
ne andere mehr.«

>»Hör mal«, sagte er zu mir und hakte mich
unter, »siehst Du jenes Fenster? Findest Du es
nicht chorpatelisch?«
»Was heißt chorpatelisch?«
»Ich weiß es auch nicht, aber man muß
höllisch aufpassen, um zu erkennen, was
chorpatelisch ist und was nicht. Sonst
ist man aufgeschmissen. Schau diesen Hund
an, wie chorpatelisch der ist.«
Federico García Lorca zu Pablo Neruda in:
»Confieso que he vivido«, Buenos Aires (1974)

93

Auf der Straße packte er mich an der Schulter
und sagte, halb im Scherz, doch ganz ehrlich
»Was für ein Talent ich doch bin, Ontañón, sag
mir ich habe viel Talent.« Wenig begeistert
erwiderte ich: »Was für ein Talent du bist,
Federico.« Und er wiederholte lachend:
»Jawohl, das bin ich.« Und er war so glücklich
wie ein Junge, der ein Fahrrad bekommen hat.

DER BÜHNENBILDNER SANTIAGO ONTAÑÓN ÜBER
FEDERICO GARCÍA LORCA IN: »UNOS POCOS AMIGOS
VERDADEROS«, MADRID (1984)

Die »Residencia de Estudiantes« war ein künstlerisches
Treibhaus ohnegleichen. Der Gebäudekomplex auf dem
»Pappelhügel« (so nannte ihn der Dichter Juan Ramón
Jiménez) steht heute unverändert in seinem schlichten
Backstein da und funktioniert noch immer. Die »Resi«,
wie die Insassen, meist Stipendiaten, junge Professoren
und Forscher, sie nennen, wurde von der »Institución de
Libre Enseñanza«, einer Gruppe von Professoren gegründet, die am Ende des 19. Jahrhunderts das Erziehungswe-
sen verbessern wollten. Ihre Blütezeit erlebte sie von 1910
bis 1936, ihre tollsten Stunden nach 1920, als Dalí, Buñuel
und García Lorca darin lebten. Bevor ihn die Freunde
»entdeckten«, war Dalí ein scheuer und äußerst verschlos-
sener, leicht ungepflegter Jüngling mit großem Filzhut
und einer Pfeife, die er immmer im Mund trug, aber nie
anzündete, ein Einzelgänger, der sich in sein Zimmer ein-
schloß, Sigmund Freud und Theoretiker der modernen
Malerei las und fortwährend zeichnete und malte. Damals
war er kaum 19. Luis Buñuel war das pure Gegenteil: ein
selbstbewußter Athlet, Sohn reicher Eltern, der frühmor-
gens, auch bei eiskaltem Wetter, halbnackt mit einem Stab-
hochsprung-Stab auszog und übte, gegen einen Punching-
Ball boxte und an Hypnose-Sitzungen teilnahm. Buñuel

*García Lorca und Buñuel auf einem Volksfest
in Madrid*

war Landesmeister der Amateure im Schwergewichts-Boxen. »Er konnte nicht still sitzen und mußte seine Männlichkeit zeigen«, erzählte sein Kamerad José Moreno Villa, ein Dichter aus Málaga. Einmal hypnotisierte Buñuel ein Mädchen, ein anderes Mal erklomm er die Fassade der Residencia. Federico García Lorca spielte im großen Saal auf einem schwarzen Bechstein-Flügel und übte summend und singend neue Kompositionen ein.

Dieses illustre und unbekümmerte Trio belebte die Residencia wie nie zuvor – sehr zum Mißvergnügen von Juan Ramón Jiménez. Der zwanzig Jahre ältere und bereits gestandene Poet, der zeitweise ebenfalls in der Residencia wohnte und dort sogar die Gärten angelegt hatte, fürchtete um seinen Vorrang. In Zeitungsartikeln giftete er gegen García Lorca und die anderen Vertreter der neuen Generation. Neruda nannte den neidischen Juan Ramón einen »falschen Einsiedler« und einen »bärtigen Dämon«.

Juan Ramón Jiménez hatte allerdings Gründe für seine feindselige Haltung. Kurz nachdem er sie freundlich empfangen hatte, wurde der Dichter das Opfer von Buñuels und Dalís Rebellion gegen autoritäre Vaterfiguren. Die beiden sandten ihm einen schrecklichen Brief.

Verehrter Freund,
Wir sehen uns gezwungen, Ihnen – unvoreingenommen – mitzuteilen, daß Ihr Werk uns aufs Äußerste abstößt. Es ist unmoralisch, hysterisch und einseitig.
Ein besonderes Merde! Ihrem Buch »Platero y yo«, diesem oberflächlichen und bösartigen »Platero y yo«, dem Esel, der keiner ist, dem hassenswertesten Esel, der uns je über den Weg gelaufen ist.
Nochmals ein aufrichtiges Merde!
Luis Buñuel, Salvador Dalí

Während seines Aufenthalts in der Residencia wurde Buñuel zum Surrealisten. Die gräßliche Szene des durchschnittnen Auges in seinem Film »Un chien andalou« hatte hier ihren Ursprung. Eines Morgens kam der Dichter Moreno Villa – so schildert es Santiago Ontañón – an den Frühstückstisch und erzählte, er habe geträumt, er durchschneide während des Bartscherens mit dem Rasiermesser sein Auge. Die Zuhörer, darunter Buñuel, wurden vom Ekel gepackt. In seinem Film läßt er ihn die Zuschauer spüren. Der Titel des surrealistischen Streifens, an dem Dalí mithalf, stammt möglicherweise ebenfalls aus Buñuels Zeit in der Residencia. Er soll die auffällig vielen Schriftsteller und Dichter aus Südspanien, die in der Residencia wohnten, die »andalusischen Hunde« genannt haben.

Die goldene Zeit kam jäh zum Stillstand. Im Juli 1936 erhoben sich Generäle gegen die Republik. Aus dem Aufstand wurde ein Bürgerkrieg. Die »Cervecería de Correos«, in der García Lorca und seine Freunde noch kurz zuvor ihre Tertulias abgehalten hatten, verwaiste. Lorca reiste nach Granada und wurde einen Monat später erschossen, Manuel Altolaguirre, der Poet mit der Druckkerei, zog mit seiner Einrichtung in den Krieg, der junge Poet Miguel Hernández (1910–1942), der von seinem Dorf Orihuela nach Madrid gekommen war und sich ebenfalls der Gruppe angeschlossen hatte, wurde Milizsoldat und rezitierte seine Verse in Schützengräben. Auf dem großen Platz vor der Cervecería deckten Soldaten der Republik den Brunnen der Cibeles mit Sandsäcken zu, die Fruchtbarkeits- und Schutzgöttin mußte vor Bomben geschützt werden.

Drei dicke Freunde: Salvador Dalí, Federico García Lorca und Pepín Bello (v. l. n. r.)

12. DAS CAFÉ GIJÓN, TEMPEL DER TERTULIAS

Diese Monate veränderten auch das »Café Gijón«, ein Kaffeehaus und Restaurant, das etwas weiter nördlich, an der Nummer 21 der breiten Flanierstraße Paseo de Recoletos liegt. War es vorher Treffpunkt von Literaten und Familien gewesen, die vom nahen großbürgerlichen Viertel Salamanca herüberkamen, um auf seiner Straßen-Terrasse zu speisen, so füllten es nun Uniformierte und republikanische Milizsoldaten in blauen Overalls. Am Ende des Krieges diente das Café den Soldaten der Sieger als Speisesaal.

Der Erfolg des »Café Gijón« liegt darin begründet, daß es ihm gelang, nach dem Bürgerkrieg zu seinem ursprünglichen Stil zurückzufinden. Andere Kaffeehäuser verlotterten, schlossen, wurden verkauft und in Geschäfte verwandelt. Das »Café Gijón« aber zog junge Künstler an, die der Armut und der Zensur trotzten, einander halfen und sogar literarische Zeitschriften herauszugeben begannen. Das erste Blättchen erschien 1942, hieß »Garcilaso«, und ihre Autoren nannten sich die »Schöpferische Jugend«.

Der Erfolg ist auch ein Verdienst von Doña Encarnación. Sie war die Besitzerin des Cafés und nahm sich der Gäste wie eine Mutter an. Manchmal schloß sie beide Augen, arme Sonderlinge mußten nichts bezahlen. Bei Doña Encarnación fühlte sich niemand fremd. Die Hausmutter erreichte das sagenhafte Alter von 101 Jahren. Zu

1988 feierte das »Café Gijón« seinen 100. Geburtstag

ihrem 100. Geburtstag (es war im Jahre 1969) widmeten ihr die Künstler unter den Stammgästen Zeichnungen und Gedichte, die heute im Kellergewölbe beim Eingang zum Restaurant hängen.

Eröffnet hat das »Café Gijón« der Asturianer Gumersindo Gómez im Jahre 1888. Don Gumersindo war in Kuba reich geworden und gab dem Lokal den Namen seiner Heimatstadt. Er war derart stolz auf Gijón, daß er vor seinem Tod im Jahre 1916 festhielt, seine Nachfolger dürften den Namen des Lokals nicht ändern, solange dies ein Café-Restaurant sei. Und so heißt es bis heute und wohl für alle Zeiten so. Seit 1997 gehört das »Café Gijón« nicht mehr der Familie Gómez und auch nicht mehr den Nachfolgern von Encarnación López, sondern einem Gastronomie-Unternehmen. Gregorio Escamilla, der neue Besitzer, will die Tradition respektieren. Er würde es auch sonst nicht wagen, den Namen zu ändern, denn das »Café Gijón« ist in Madrid ein Begriff wie der Prado oder der Rastro. Einer seiner Stammgäste meinte, es sei ein Lokal »mit einer Stadt drumherum«.

Das »Café Gijón« hat in den vierziger Jahren wesentlich dazu beigetragen, daß das künstlerische Leben Madrids wieder zu blühen begann. Das Schlüsselwort dazu hieß Toleranz, hier im Kaffeehaus am Recoletos-Boulevard begegneten sich erstmals Sieger und Besiegte des Kriegs. Der Künstlerberuf verband sie mehr, als die Politik sie zu trennen vermochte. Francisco Umbral beschrieb in seinem Buch »La noche que llegué al Gijón« (Die Nacht, als ich ins Café Gijón kam) die Stimmung unter den Gästen des Lokals so:

> Jene Tertulia war der einzige Ort, der das schwierige nationale Gleichgewicht geschafft und die Versöhnung der zwei Spanien um einen Wasserkrug zustandegebracht hatte. Der ehemalige Häftling der Franco-Gefängnisse füllte das Glas demjenigen, der aus den Kasernen der Sieger kam, und der frankistische Ministerial-Beamte, der fein gebügelte Kleider trug, bot dem Gegner, der den billigen Tabak der Verfolgten rauchen mußte, Feuer an.

Eine der wichtigen Tertulias jener Epoche war die des Poeten Gerardo Diego, der als einziges Mitglied der Generation von 1927 nicht tot oder im Exil war. Die meisten Tertulianer lebten ärmlich, bestellten einen Kaffee, der 1,50 Pesetas kostete, und blieben stundenlang davor sitzen. War die Tasse leer, tranken sie Wasser, das in Krügen mitgeliefert wurde. Die Kellner schrieben jeweils in ein Büchlein, welche Gäste bis zum Monatsende auf Kredit tranken. Einige von ihnen bezahlten die Zeche mit Bildern und signierten Büchern. Der beliebteste Kellner war der immer freundliche und dienstbereite Andalusier Manolo Luna. Manolo war groß, schlank und schlau, betrieb alle Arten von Pumpgeschäften, wurde am Schluß von den

Gästen geehrt und schaffte es später, an der Mittelmeer-
küste ein Hotel zu übernehmen.

Die Armut konnte den Humor und die Lebenslust nicht
vertreiben. Der Theaterautor Enrique Jardiel Poncela
zeichnete im »Café Gijón« fleißig Bühnenbilder. Nach einigen Stunden pflegte er seine Notizen einzupacken und
zu sagen: »Ich gehe jetzt auf die Gran Vía und gucke mir
schöne Hintern an.« Auch Camilo José Cela tauchte auf.
Cela hatte viel Stil. 1942 war er mit seinem Roman »Die
Familie von Pascual Duarte« bekannt geworden. Allerdings hatte er sein Buch wegen der Zensur halb geheim
vertreiben müssen. Er fuhr jeweils im Taxi beim Café vor
und beeindruckte seine Freunde sehr – bis sie herausfan-
den, daß er nur 400 Meter vom Gijón entfernt, nämlich an
der Plaza de Colón, ins Taxi stieg. Cela stand im Ruf, geizig zu sein, ein Streich, der ihm der Dichter Jesús Pardo
spielte, deutet darauf hin. Im Namen Celas bezahlte Pardo
für eine nationale Hilfsaktion den lausigen Betrag von
0,50 Peseten. Die Zeitung ABC veröffentlichte die Liste
sämtlicher Spender – Cela wurde fuchsteufelswild und
verpaßte dem Spötter eine Ohrfeige, die am meisten kom-
mentierte Maulschelle, die im »Café Gijón« verabreicht
wurde. Francisco Umbral beschreibt den um eine Generation älteren Cela als selbstsicher, der immer zu befehlen
und zu führen schien, auch wenn es sich nur um eine Reise
oder ein Essen handelte. »Er lächelt sehr selten, weil er
festgestellt hat, daß er dann häßlich aussieht«, meint
Umbral und fragt sich, ob Cela mit dem echten Gesicht
oder mit einer Maske lebe.

> Ich habe oft den Beruf gewechselt, vielleicht
> weil mir keiner gefällt. Ich bin nicht transzen-
> dental eingestellt und glaube nicht an die Einheit
> Europas. Dafür bin ich der Reihe nach Sohn
> aus guter Familie, Berufssoldat, Dichter, Torero,

Globetrotter, Beamter, Romanschriftsteller,
Maler, Kinoschauspieler, Journalist und
Vortragsredner gewesen. Es ist mir auch gelun-
gen, ohne Abschluß durch die Universität
zu kommen. Meine Bücher sind – so ist das eben
– in ziemlich viele Sprachen übersetzt worden.
Ich habe aber nie auch nur einen einzigen Preis
erhalten.

CAMILO JOSÉ CELA, MIT 37 JAHREN,

IN: MARIANO TUDELA: »CELA«, MADRID (1970)

In seiner Kurzgeschichte »Café de Artistas« hat Cela im Jahre 1953 nach der Meinung von José Bárcena, dem Kellner und Literaten des Hauses, das »Café Gijón« beschrieben. Cela zeichnet ein ärmliches Kaffeehaus, in dem ärmliche Poeten ihren täglichen Milchkaffee schlürfen, junge Schreiber aus der Provinz nach Berühmtheiten Ausschau halten, Verlegern ihre ersten Texte schmackhaft machen wollen und das Warten damit verbringen, mit dicklichen Bürgerkriegs-Witwen anzubändeln. Der andalusische Schriftsteller Juan Manuel Caballero Bonald, der das Café erstmals 1952 aufsuchte, schildert die Ehrfurcht junger Provinzdichter an seiner eigenen Person.

Ich glaubte, das Gijón sei ein kleiner Ort,
wo sich die von den Musen Auserwählten
trafen. Eines Tages faßte ich Mut und begab
mich in diesen Vorsaal des Ruhms. Es war ein
harmloser und berückender Moment zugleich.
Ganz in meiner Nähe erblickte ich Gerardo
Diego, Cela, García Nieto, Suárez Carreño und
Pancho Cossío. Keiner von ihnen schien mich
zu bemerken.

»CAFÉ GIJÓN, 100 AÑOS DE HISTORIA«, 1988

Camilo José Cela

Nackt und ziemlich trostlos wie die Kurzgeschichte »Café de Artistas« ist auch Celas Stadtroman »La Colmena«. Auch dort steht ein Kaffeehaus im Mittelpunkt und schildert der Autor das Leben Dutzender von Gästen, die durchaus im Café Gijón verkehrt haben konnten. »La Colmena« beschreibt das damalige Madrid so schonungslos, daß die Zensur die Veröffentlichung in Spanien verbot. Der Roman wurde in Buenos Aires gedruckt und führte Cela definitiv zum Ruhm. Der Galicier konnte eine Reise nach Südamerika unternehmen und trat 1957, mit 41 Jahren, in die Königliche Sprachakademie ein. Für die Tertulianer des Cafés war er von da an ein Meister.

In den fünfziger Jahren entwickelte sich das Café zu einem eigentlichen Künstlertempel. Alle Artisten von Rang und Namen, auch Stierkämpfer und Sänger, tauchten nun hier auf, und wenn es auch nur am Tresen war, um gesehen zu werden. Die Stammgäste ließen sich inzwischen die Post ins Café schicken, die Tertulias florierten. Gleich am Eingang, manchmal sogar am Tresen, fanden sich zur Aperitif-Zeit die Schauspieler ein. Zu ihnen gehörten Francisco Rabal (»dunkelhäutig, lächelnd und zufrieden, wie ein Zigeuner oder Torero nach einer geglückten Saison«, beschrieb ihn Umbral) und der rothaarige und kauzige Fernando Fernán-Gómez, der 1951 auf die Idee gekommen war, einen Literatur-Preis des »Cafés Gijón« zu schaffen. In der Mitte des Lokals versammelten sich an einem der schwarzen Marmortische die Galicier, und zwischen zwei Fenstern saßen jeweils die Poeten, zu denen der junge Francisco Umbral stieß, der aus Valladolid stammte. In der Nähe des Tresens führte Cristino Mallo die Tertulia der Bildhauer an. 1990 feierte Mallo dort sein 50. Tertulia-Jahr, so besagt es die Inschrift an einer Säule.

In den Nachmittagsstunden wurde es jeweils stiller im Raum. Dann kamen ältere Damen, um Süßigkeiten zu naschen, und Ehepaare des Viertels, die eben von der Siesta aufgestanden waren. Später erschienen die Maler, und nach dem Nachtessen, gegen elf Uhr, füllte sich das Lokal erneut mit Tertulianern und Gästen aller Art. Im »Café Gijón« tauchten auch mehr und mehr junge Frauen – Studentinnen, Schauspielerinnen, Künstlermodelle und Undefinierbare – auf. Sie rauchten, tranken und diskutierten wie die Männer und befreiten sich ganz offen und ostentativ vom beklemmenden national-katholischen Korsett des Frankismus. Im Künstlercafé war es möglich.

Es war auch Platz für Sonderlinge. Zu ihnen gehörte der vielsprachige und mausarme Carlos Oroza, ein »poète maudit«. Oroza beschwatzte die Gäste, die ins Lokal traten, und bot ihnen an, ein Lächeln gegen einen Milchkaffee zu tauschen. Derjenige, der lächelte, war immer er. Manchmal ging er von Tisch zu Tisch und rezitierte seine weltbewegenden Verse. Da war auch Pedro Beltrán, der heute zum Mobiliar des Hauses gehört. Beltrán hat buchstäblich alle Berufe der schreibenden Kunst ausgeübt und soll auch am Drehbuch von Buñuels Film »Viridiana« mitgewirkt haben. Er ist eine wandelnde Enzyklopädie, singt ganze Zarzuelas – spanische Volksopern – und berät im »Café Gijón« Berufskollegen. Leider ist es unmöglich, sein Freund zu sein. Zu Verabredungen erscheint er immer mit mehreren Stunden Verspätung.

Auch die mysteriöse Sandra, eine Argentinierin, die einst Künstlern Modell stand, taucht noch im Café auf. Vor kurzem hat ein Maler ihr ein Bild geschenkt, das sie sogleich versteigerte, um ihre Boheme eine Weile fortführen zu können. In den Zeiten der Emanzipation war sie Geliebte mehrerer Maler gewesen und hatte an deren

Tertulia teilgenommen. Sandra führte im Café Gijón mit einiger Sicherheit den Minirock ein. Als ein gutbürgerliches Ehepaar sie während eines Treffens bewunderte und fragte, ob sie etwa Schauspielerin sei, antwortete sie trokken: »Nein, ich bin Hure.« Einem ihrer Geliebten, dem Maler Manuel Viola, hieb sie in einem Zornanfall eine Bierflasche auf den Kopf. Viola blutete wie ein Schwein und wurde hinter dem Tresen verarztet. Als Sandra das Café fluchend verlassen wollte, klaubte der Maler mit blutverschmierten Händen 2500 Peseten aus der Hosentasche und ließ ihr das Geld mit dem Hinweis überreichen, sie könne doch nicht mittellos auf die Straße gehen.

Ein Sondergast anderer Natur war in den fünfziger Jahren César González Ruano. Ruano, der in seiner Jugend mit einem Happening das Athenäum durcheinandergebracht hatte, war nun Schriftsteller und Starkolumnist. Jeden Morgen las er im Café die Presse und schrieb seine Artikel mit einer Mont-Blanc-Füllfeder. Er haßte Störenfriede, selbst wenn sie Bewunderer waren. Eines Tages bemerkte er, wie eine Dame ihn am Nebentisch aufmerksam musterte. Sie kam mehrere Male wieder. Eines Tages setzte sie sich resolut zu ihm. Die Gäste verfolgten, wie die beiden hitzig diskutierten. Plötzlich wies Ruano die Anbeterin aus dem Lokal – sie hatte ihn gebeten, dringend mit ihr ins Bett zu gehen. Später wechselte der Schriftsteller in das ruhigere »Café Teide«, das neben dem Gijón lag, heute aber einer Versicherungsgesellschaft gewichen ist. Dort erschien er jeden Morgen um halb zehn und wurde wie ein König behandelt. Für ihn war ein Tisch reserviert, niemand wagte es, sich dort zu setzen, selbst wenn er krank oder auf Reisen war.

> Francisco Umbral ist ein literarischer Teufelskerl, ein eingefleischter Einheimischer, ein Dandy der Feder, Schwerarbeiter, Professor der

Ideen und Handwerker des Stils zugleich. Er engagiert sich wie kaum ein anderer, ist Spötter, trefflicher Erzähler, Stilist und Enthusiast zugleich, der mit sich selbst und auch mit den anderen gestreng ist. Zudem ist er diskreter Liebhaber tausend diskreter Liebhaberinnen. Seinen Überzeugungen und Idealen ist er immer treu geblieben, sogar seinen Kleidern. Sein Halstuch ist umkehrbar. Die eine Seite benutzt er im Winter, die andere im Sommer. (...) Ich hoffe, daß die Stadtverwaltung meinen Vorschlag annimmt. Er besteht darin, das veraltete Wappen mit dem Bären und dem Erdbeerbaum der heutigen Zeit anzupassen und es statt dessen mit Umbral und seinem Halstuch zu zieren.

José Bárcena, der literarische Kellner des Cafés Gijón, 1991

Das Café Gijón hat drei Umbauten überlebt. Jedesmal fürchteten die Stammgäste, ihr Lieblingslokal werde verunstaltet oder gar verkauft. Nach dem Umbau von 1963 war es im Gegenteil schöner denn je, damals erhielt es das heutige Aussehen. Die dunkelroten Plüschdiwans und -vorhänge, die schwarzweißen Marmortische, die dunklen Holzstühle und die großen Wandspiegel verbreiten echte Kaffeehaus-Stimmung und machen es richtig behaglich. An den Wänden hängen Zeichnungen und Bilder, die Maler dem Lokal vermacht haben. Viele Gäste sitzen stundenlang im Gijón und lesen, schreiben oder schwatzen. Pepe Estebán, ein Poet und Stammgast, meinte denn auch, das Gijón besuche man nicht wie andere Orte, hier »sei« man.

Behaglicher noch ist die Terrasse des »Café Gijón« am Paseo de Recoletos. In den Sommernächten ist sie bis weit nach Mitternacht besetzt. Wenn die Brise aufkommt, die

Innenansicht des »Café Gijón« mit dem Hauspoeten
José Bárcena

Wärme nachläßt und die »Regadores«, die Straßenreiniger, mit ihren Schläuchen kühlendes Naß aufs Pflaster spritzen, denken die Gäste langsam daran, ihren letzten Schluck zu nehmen und aufzubrechen. In den achtziger Jahren, als die Movida beinahe zur Tollheit wurde, war die Terrasse des Gijón Teil eines intensiven Vergnügungsstreifens entlang der Avenida de la Castellana. Auf den breiten Gehsteigen reihte sich eine Bar an die andere. Musik, Spiel, Tanz und ein Riesenverkehr bis in die Morgenstunden hinein machten die Castellana zum Gaudium. Die Nachtschwärmer nannten den Streifen »Costa Castellana« und gestanden damit den heimlichen Frust der Madrilenen, keine Küste zu besitzen.

In der Übergangszeit in die Demokratie bescherten rechtsextreme Randalierer dem Café einige bange Momente. Sie haßten das »Café Gijón«, weil ihre Gegner dort Dinge taten, die sie nicht verstanden. Die Rechtsextremen wollten die neue Freiheit mit Gewalt verhindern und unternahmen einige Strafaktionen gegen das »Künstler-gesindel«. Einige Male ging es mit kleineren Keilereien gegen Gäste im Lokal und mit einigen zerbrochenen Stühlen ab. Einmal zwangen rechtsextreme Schläger mit Stöcken und Ketten die Kunden jedoch, mit erhobener Hand die falangistische Hymne »Cara al Sol« zu singen. Das war erniedrigend. »Wir kannten den Text nicht recht, aber in einer solchen Lage singst du sogar eine Verdi-Oper«, sagte einer der Betroffenen.

Schlimmer hätte die Tat eines Verrückten ausgehen können, der im Winter 1984 mit einem vollen Benzinkanister ins Lokal trat. Mariano Tudela beschreibt in seiner Geschichte des »Café Gijón« die Szene so:

> Der Typ stellte den Kanister auf einen leeren
> Tisch und zog eine Schachtel Zündhölzer aus
> seiner Tasche. Er öffnete den Kanister, strich
> ein Zündholz an und rief mit mächtiger Stimme:
> »Ihr werdet sterben. Ich verwandle Euch in
> Asche. Ich mache aus Euch Märtyrer, jawohl
> Märtyrer, Märtyrer.« Die Aufregung kann man
> sich vorstellen. Die Kellner versuchten, den
> Verrückten, der einen Teil des Tisches schon in
> Brand gesetzt hatte, zu bändigen. Die meisten
> Gäste flüchteten, einige sprangen sogar aus dem
> Fenster und kullerten auf den Gehsteig. Als der
> Eindringling überwältigt und das Feuer gelöscht
> war, stand das Café leer. Abgesehen von einigen
> angeschlagenen Kellnern war die einzige Ge-
> schädigte eine Dame aus Südamerika. Ihr Rock
> hatte Feuer gefangen. Die Kellner führten sie in
> die Toilette und riefen nachher ein Taxi herbei.
> Beim Wegfahren fragte die Dame: »Sagen Sie,
> findet sowas an den Tertulias oft statt?«

1988 feierten die Stammgäste den 100. Jahrestag der Eröffnung. 38 von ihnen schrieben Artikel ins Jubiläumsbuch »Café Gijón – 100 años de historia«. Das Buch verkauft der liebenswerte Zigarettenverkäufer Alfonso, der seit 25 Jahren am Eingang des Lokals steht und gleichzeitig ein Philosoph ist. An einer Wand brachten sie zudem ein Schild an, welches den Ort zum »Gran Café de la Historia de España« adelt, ihn einen »Lehrstuhl der Geisteswissenschaften und der Literatur« nennt und ihm ein langes Leben wünscht. Verfaßt haben diese Huldigung Künstler, Schriftsteller, Musiker, Schauspieler und Bohemiens »aller Ideologien«.

Der Gemeinschaftssinn und die Toleranz der Stammgäste sind wohl die Hauptstärke des Lokals, einem zeitgeschichtlichen Monument, auf dessen Plüschsofas die Tertulias weitergeführt werden. Die Poeten und die Bildhauer sind zwar alt, und viele junge Kulturschaffende wollen mit der älteren Generation nichts zu tun haben. Um sie anzulocken, gibt der Kellner und Hauspoet José Bárcena seit kurzem eine literarische Hauszeitschrift heraus. Leute wie der Schriftsteller und Kolumnist Manuel Vicent oder sein Berufskollege Raúl del Pozo kommen jedoch weiter regelmäßig ins Café. Der geniale Vielschreiber Francisco Umbral mit seinem unvermeidlichen Schal schaut jedesmal, wenn er von seiner Schreibstätte in der Vorstadt Majadahonda in die Stadt fährt, im Lokal vorbei und begrüßt die Kellner und andere Freunde. Hie und da verursachen Gäste in der heiligen Halle einen Stilbruch, indem sie statt Schreibmaterial oder Zeitung ein Handy aus der Tasche ziehen. Dann kehrt wieder die Tradition ein. Zum Beispiel die Tertulia, die sich »Gegen dieses und jenes« nennt. Sie beginnt am Freitag um 13 Uhr und endet gegen acht Uhr abends.

13. DAS
CAFÉ COMERCIAL

Dieses Kaffeehaus liegt an der Glorieta de Bilbao, gute zehn Gehminuten vom »Café Gijón« entfernt. Einige Tertulianer kamen, um im »Comercial« bei einem letzten Schwatz und einem allerletzten Glas den Tag abzurunden. Es wirkt einladend, vielleicht wegen seiner großen Fenster oder des großzügig bemessenen Raums. In Wirklichkeit ist es dunkel und recht frugal eingerichtet. Wie im »Café Gijón« sind die Tische aus schwarz-weißem Marmor, der Fliesenboden ist beige und braun gesprenkelt, die Säulen sind braun gestrichen und reflektieren sich in unzähligen Wandspiegeln. Alte braune Lederstühle und -bänke, die die Besitzerin mit einiger Mühe instandhält, bringen auch nicht mehr Farbe in den Raum. Kurz, das »Comercial« sieht wie eines der einfachen Lokale der fünfziger Jahre aus, die Cela beschrieben hat. »Gott sei Dank ist die Zeit hier stehengeblieben«, steht auf der Rückseite seiner Getränke- und Speisekarte.

Die sparsame Ausstattung adelt dieses Café. Isabel Contreras, eine quicklebendige Mittfünfzigerin, die es zusammen mit einer Cousine besitzt und führt, schätzt sie und will an der Einrichtung nichts ändern. Das Café sieht seit seinem Umbau im Jahre 1952 so aus – und so soll es bleiben. Das »Comercial« ist 1887 eröffnet worden, kurioserweise von einem Priester, es ist somit noch ein Jahr älter als das »Café Gijón«. Damals lag es beinahe am Stadtrand, und es befanden sich am Bilbao-Platz Ziehbrunnen und Höhlen, in denen Schnee des nahen Guadarrama-Gebirges verstaut wurde, der dann als kühlendes Eis auf den Tisch von Reichen kam. 1909 kam das Lokal in die Hände der

Familie Contreras. Mit 19 Jahren war Isabels Großmutter bereits verwitwet von einem Bauerndorf in der Provinz Guadalajara in die Hauptstadt gekommen und hatte den Betrieb übernommen. Sie war kaum zur Schule gegangen, hatte jedoch einen klaren Verstand, ein großes Herz und ein fröhliches Gemüt und brachte das »Comercial« hoch. Das Publikum war einfach. Eines Tages tauchte der Tenor Miguel Fleta (1897–1938) zusammen mit Freunden weit nach Mitternacht hungrig im Lokal auf. Fleta war der spanische Opernstar der Epoche, er trat selbst in Japan auf. Die Besitzerin stellte sich hinter den Herd und ersetzte den Koch, der längst nach Hause gegangen war. Bald kam auch Fleta in die Küche und half ihr beim Kartoffelschälen. Das Essen endete in einem Fest.

Bis in die fünfziger Jahre standen am Bilbao-Platz mehrere Kaffeehäuser. Geblieben ist einzig das »Comercial«. Am meisten im Schwange war das Lokal in den sechziger und siebziger Jahren, als es jede Nacht bis morgens um vier oder fünf Uhr offen war und die Kellner in drei Schichten arbeiteten – und zwar im Smoking. Es lag mitten in einer Gegend von Kinos und Theatern. Nach den Vorführungen in den Theatern »Fuencarral«, »Barceló«, »Maravillas« und »Martín« strömten Besucher und auch Künstler ins »Comercial«, unter ihnen der Schauspieler Fernando Rey, der in mehreren Filmen Buñuels mitgewirkt hat, Concha Velasco und die damals sehr umschwärmte spanisch-argentinische Vedette Celia Gámez.

Wichtiger noch war der Zustrom aus den naheliegenden Redaktionen der Zeitungen »La Tarde«, »Marca«, »Arriba« und »La Hoja de Lunes«. Die schreibende Zunft machte das »Comercial« zu ihrer zweiten Redaktionsstube, in der sie sich ausruhte, schwatzte, aß und trank und dazu Geschäfte und Themen beriet und Gerüchte austauschte. Der Stammtisch der Presse war zu allen Tages- und Nachtzeiten besetzt. Dort waren bekannte Journa-

Der Karikaturist
Antonio Mingote

listen und Schriftsteller wie Jaime Campmany und Ignacio Aldecoa und auch die Gruppe der Humoristen anzutreffen. Allen voran Alvaro de Laiglesia, der von 1944 bis 1977 Chefredakteur der satirischen Zeitschrift »La Codorniz« (Die Wachtel) war. In dieser Gruppe diskutierten auch die Zeichner Tip und Antonio Mingote (geb. 1917) mit. Mingote ist für die Konservativen zu einer Institution geworden. Er begann 1953 in der monarchistischen Zeitung ABC und hat bis heute nicht aufgehört.

Damals herrschten für Humoristen goldene Zeiten. Mit ein Paar Federstrichen umgingen sie die Zensur und deckten die Wahrheit auf. Die Spanier kauften begierig »La Codorniz«, später auch das Konkurrenzblatt »Hermano Lobo« (Bruder Wolf), und lachten über die Diktatur. In den letzten Jahren des Frankismus lockerte sich die Zensur und trieb Spaniens Humor die schönsten Blüten. Alvaro de Laiglesia (1922–1981) schrieb Kurzgeschichten, unter anderem »Ein Schiffbrüchiger in der Suppe«, »Die Henne mit den bleiernen Eier« und »Ein langer und warmer Piß«, der Drehbuchautor Rafael Azcona (geb. 1926) zeichnete in der »Codorniz« die Streiche des »bösen Buben Vicente«. Azcona lieferte dem Regisseur Marco Ferreri auch das Drehbuch zu dessen bissig-bösem Filmschock »La grande bouffe« und arbeitete mit einem weiteren Stammgast, dem Regisseur Luis García Berlanga, sowie mit Carlos Saura zusammen.

Ein treuer und verdienter Stammgast war der Sportredakteur Jesús Fragoso. Oft kam er mit seiner Frau. Die beiden blieben bis in die Morgenstunden. Das war nicht selbstverständlich, denn Fragosos Frau war fast immer schwanger. 21 Jahre lang gebar sie jedes Jahr ohne Ausnahme ein Kind. Alle überlebten. Für diese Leistung bekam das Ehepaar Fragoso die nationale Auszeichnung für die größte Familie.

> Zu unseren Stammgästen gehörte auch Enrique
> Tierno Galván. Der Professor kaufte jeweils mit
> dem Schuhputzer Manolo zusammen Lotterie-
> Lose und hieß Manolo die Scheine aufbewahren.
> Dies tat er auch, als er Bürgermeister von
> Madrid war. Tierno Galván ließ sich mit dem
> Dienstwagen ins Comercial fahren und rief
> immer: »Manolo, haben wir gewonnen«?
> ISABEL CONTRERAS

In den siebziger Jahren beschlossen die Behörden, daß das Nachtleben gezügelt werden müsse. Die Cafés konnten nun nicht mehr bis zur Morgenfrühe offen bleiben, sondern mußten gegen halb zwei Uhr schließen. Dem »Comercial« schadete dies sehr, denn nun blieben die Theaterbesucher der Spätvorstellungen weg, die um elf Uhr begannen und gegen ein Uhr endeten. Wenig später schlossen das Theater »Fuencarral« und das »Martín« die Tore und verlegte sich das Theaterleben in das Viertel hinter dem »Café Gijón«. Auch der Stammtisch der Presseleute löste sich auf, denn die Blätter »Arriba« und »Marca« verlegten die Redaktionen in modernere Viertel, und »La Hoja de Lunes« ging ein.

Tertulias finden im »Comercial« aber weiterhin statt. Jetzt versammeln sich hier vorwiegend ehemalige Künstler, Freiberufler und Gewerkschafter. Der alte Kellner Ignacio zählt sieben Gruppen auf: die »Teenies« (das sind betagte Comic-Zeichner), die »Sindicalistas«, die im Café Erinnerungen an ihre Gewerkschaftskämpfe der siebziger Jahre auffrischen und gegen die schlappen Nachfolger schimpfen, die »Verschwörer«, die alten Piloten, die Staatsbeamten im Ruhestand, die Bergbauingenieure und ehemalige Postangestellte. Das »Comercial« ist aber auch ein Ort für Studierende. Hier breiten sie ihre Notizen aus und schreiben, lesen und schwatzen. Der Kellner Ignacio und Isabel Contreras sind ganz einverstanden damit, sie wollen, daß ihr Café ein Lokal bleibt, in dem man lernt, plaudert und Informationen austauscht. An den Wochenenden droht das »Comercial« zu bersten, denn es ist ein Treffpunkt für Jugendliche, die entweder eins der vielen Kinos in der Nähe besuchen oder eine Kneipentour im angrenzenden Malasaña-Viertel beginnen. Das Malasaña-Viertel wird jeweils gründlich heimgesucht. Dort sind nicht nur die Bars und Kneipen voll. Jugendliche mit wenig Geld sitzen in Gruppen in Gassen und auf Plätzen und mischen dort im Rund ihre Drinks aus mitgeführten Flaschen, leben so ihre Subkultur der »Litronas« – der Name, den sie den Liter-Flaschen geben. Jeden Montagmorgen fegen die Straßenreiniger eine knöchelhohe Schicht von Papier, Flaschen und Plastikgläsern weg.

Heute vergnügen sich die Jugendlichen brav. Vor 20 Jahren, bei der Geburt der Demokratie, marschierten sie in Demonstrationen auf der Straße am »Comercial« vorbei und warfen seine Fensterscheiben ein; die einen, weil sie das »Comercial« für eine Höhle von Faschisten, die anderen, weil sie es für einen Nest der »Roten« hielten. Mit ihren Steinwürfen ehrten die Demonstranten das Lokal. Sie räumten ein, daß hier Wichtiges gedacht und gemacht worden war.

Neben den großen und geschichtsträchtigen Künstlerlokalen gibt es kleinere, halb versteckte, die eine besondere Kundschaft anziehen. Eins von denen, die hier beschrieben werden, wird bald 100jährig, die anderen sind nach 1950 aus Widerstand gegen die herrschende Politik und Kultur entstanden. Ihre Besitzer wollten jungen Künstlern und Schriftstellern, die wegen ihrer Ideen am Rande des offiziellen Kulturbetriebs leben mußten, eine Wirkungsstätte bieten. Im Spanien dieses Jahrhunderts, vor allem in der zweiten Hälfte, gab es zwei ziemlich klar getrennte Kunstbetriebe – der politischen Rechten und der Opposition. Wer im Franco-Regime mitmachte, wurde gelobt, erhielt offizielle Preise und Auszeichnungen, die anderen hatten mit Schweigen, Ächtung oder Verfolgung zu rechnen. Heute können Jugendliche sich jene Zeiten kaum mehr vorstellen.

14. DIE HÖHLE
DER VERFEMTEN:
LAS CUEVAS
DEL SÉSAMO

Die »Cuevas del Sésamo« sind klein, aber fein. An ihnen sollte man nicht vorbeigehen, denn in Madrid gibt es kaum ein Lokal, das auf so wenig Quadratmetern so viel Literaturgeschichte und -geschichten hervorgebracht hat. Die »Café Bar Sésamo« – so heißt das Lokal jetzt offiziell – ist ein Werk des Literatur-Freunds Tomás Cruz. Als er 1951 seine kleine Altstadt-Cafetería an der Calle de Príncipe 7 ausbauen wollte, entdeckte er zu seiner Überraschung darunter einen Keller mit zwei intakten Gewölben. Er verlegte die Bar in die neuen Räume und richtete ein Lokal ein, das den Caves der Existentialisten ähnelte, die er in Paris gesehen hatte, wo er Jahre seines politischen Exils verbracht hatte. Er war im Bürgerkrieg Pilot der republikanischen Flugwaffe gewesen und hatte nach der Niederlage fliehen müssen. Vor zehn Jahren ist Tomás gestorben. Ein Bild von Juliette Greco im Lokal erinnert an seine Pariser Zeit.

Tomás Cruz baute im Untergrund ein kleines Reich auf, in dem der Geist frei wehen sollte. Das war mutig, denn es gab weder Ausdrucks- noch Versammlungsfreiheit. Ein Jahr nach der Einweihung begann er, Literatur-Preise zu vergeben, zuerst für Theater-Einakter, dann für Erzählungen, Romane und schließlich sogar für Gemälde. Die Idee zündete, die jungen Künstler kamen in Scharen. In Sésamos Höhle diskutierten und verbesserten sie bei Sangría, Bier und Wein Spanien und den Rest der Welt.

Manchmal setzten sich Sicherheitsbeamte in Zivil an die Nebentische und hörten mit. Das Innenministerium schickte sie aus, um im Sésamo »subversive« Liberale und bärtige Linke zu kontrollieren und notfalls abzuführen. Der Besitzer mußte auf der Hut sein, daß sein Lokal nicht geschlossen würde. Doch er war geschickt. Selbst die Kellner erkannten die Polizei-Beamten der »Brigada Social« bald. Sie paßten einfach nicht zum Publikum. Einmal brachte Tomás Cruz aus Paris ein Picasso-Plakat mit, auf dem eine republikanische Landesfahne zu sehen war. Bevor er das Plakat in seinem Lokal aufhängte, übermalte er sicherheitshalber die Fahne mit den offiziellen Farben rot-gold-rot.

Die Preise der Wettbewerbe waren bescheiden, das »Prestige«, einen Premio Sésamo gewonnen zu haben, jedoch beträchtlich. Schriftsteller, die heute großen Ruf genießen, reichten ihre ersten Arbeiten bei Tomás Cruz ein oder waren seine Stammkunden. Zu ihnen zählten der Andalusier Antonio Gala (geb. 1937), Soledad Púertolas, der schrullige Valencianer Juan José Millás (geb. 1946) und Alfonso Grosso (geb. 1928). Juanjo de la Iglesia ist einer der jüngsten Literaten-Gäste des Sésamo. Er ist dem Publikum durch seine Auftritte im beliebten und frechen Fernsehprogramm »Caiga quien Caiga« (Keiner wird geschont) bekannt.

Wer die enge Treppe zur Höhle heruntersteigt, sieht in Vitrinen die literarische »Ernte« des Besitzers. Autoren von Rang und Namen, darunter der lebenslustige baskische Essayist und Philosoph Fernando Savater (geb. 1947), haben ihm signierte Bücher geschenkt. Auch »Alte« ehrten ihn, zum Beispiel der streitbare Ethik-Professor José Luis López Aranguren (1911–1992) und Nicolás Sánchez-Albornoz (geb. 1926). Sánchez-Albornoz gehört einer berühmten Republikanerfamilie an (sein Vater Claudio war Historiker und Präsident der Republik im Exil in Buenos Aires). Er leitet heute das spanische Sprachinstitut Cervantes. Das Buch, das er Sésamo hinterließ, hatte in jenen Jahren symbolischen Wert, es heißt »Marksteine der Modernisierung Spaniens«.

Der Ruf und die besondere Ambiance des Sésamo haben auch Filmregisseure angelockt. Marco Ferreri drehte hier 1959 einen Teil seines Streifens »El pisito« (Das Appartement) und der Humorist Manuel Summers Ausschnitte aus »Melocotón en almíbar« (Eingelegte Pfirsiche).

Sésamo hat Charme. Und Philosophie. Tomás Cruz hat Wände und Decken seiner Höhle mit Sprüchen und Weisheiten von Berühmtheiten geschmückt, die zum Nachdenken und Lachen anregen: »Nehmt das Leben nicht allzu ernst, ihr überlebt es ohnehin nicht« (Bernard de Fontenelle), »Das Paradies entdecken wir erst, wenn wir es verloren haben« (Marcel Proust), »Träumt der Mensch, ist er ein Gott, denkt er, wird er zum Bettler« (Hölderlin). Als Kontrapunkt zum tiefschürfenden Hölderlin die Filmvedette Mae West: »Mir gefallen nur zwei Sorten von Männern, die Einheimischen und die Ausländer.« Am Treppeneingang warnt ein Spruch des Theaterautors Alejandro Casona, der Eintritt sei denjenigen untersagt, die »Geometrie verstehen«.

Heute steigen jeweils abends Nostalgiker, aber auch viele junge Leute in Sésamos Keller hinunter. Bei einem Glas Sangría oder Cuba libre plaudern sie oder hören dem Pianisten Manolo zu. Manolo ist seit Anbeginn dabei und spielt auf seinem Petrof-Klavier Weisen auf Verlangen. Manchmal hat er auch im Theater »La Comedia« auf der anderen Straßenseite mit einem Stück hinter den Kulissen aushelfen müssen. Manolo hatte eigentlich Klavierlehrer werden sollen. Doch er zog die Arbeit bei Sésamo vor. Für sein Lokal hat er einen Cha-Cha-Cha komponiert. Wer ihn hören will, muß sich allerdings beeilen: Im Jahr 2000, seinem 50. Arbeitsjahr, will Manolo seine Karriere als

Höhlenpianist beenden. Zu den Alten des Lokals wird dann noch der freundliche Kellner Valeriano gehören. Für Sondergäste zieht Valeriano aus einer geheimnisvollen Mappe liebevoll und bedächtig ein Foto: das Bild eines Wandgemäldes des Basken Agustín Ibarrola (geb 1930). Dann erklärt er, daß das Original hinter einer Mauer des Sésamo versteckt liegt.

15. FLAMENCO UND STIERKAMPF: LOS GABRIELES

Die Weinschenke »Los Gabrieles« war der Tempel der Flamenco-Sänger und der Stierkämpfer. Das Lokal liegt, wenige Schritte von Sésamo entfernt, an der Calle Echegaray und ist über und über mit Azulejos, bemalten Keramik-Kacheln, bedeckt. Das Ganze ist ein wunderliches, naiv-fröhliches Kunstwerk aus Andalusien. Die beiden Keramik-Künstler Enrique Guijo und Antonio Romero Mesa haben die Schenke in den zwanziger Jahren neu verziert und dabei unverblümt für andalusische Weinfirmen geworben. (Die bezahlten die Rechnung mit jährlichen Weinsendungen ans Lokal.)

Ihre Reklame hatte einen artistischen und ungewollt surrealistischen Einschlag. Von einer Wand gucken die Trinker von Velázquez' berühmtem Gemälde »Los Borrachos« auf die Gäste und werben für einen Amontillado-Wein, an einer anderen sitzt eine feine Familie zu Tisch und preist eine Biskuit-Marke. Bukolische Szenen wechseln mit Makabrem ab: In einem Nebenraum spielen Sensenmänner Gitarre, tanzen Flamenco und schenken mit ihren langen Knochenfingern Sherry ein. Ein düsterer Stierkampfraum mit Torero-Bildern rundet den Eindruck ab. An einer Wand hängt der ausgestopfte Kopf des Stieres »Perdigón« von der furchterregenden Rasse der »Miuras«. »Perdigón« hat 1894 in der Arena von Madrid den Torero Espartero in dessen 29. Lebensjahr getötet. Er ist ein Gesandter des Fatums, das tief in der andalusischen Seele steckt. Wer alle Details der Ausstaffierung sehen will, untersuche die Keramik-Kacheln neben den Türrahmen. An einer Stelle bemerkt man einen Schwan, der die mythologische Leda in ganz eindeutiger Stellung umfängt. Aus Lautsprechern ertönt Flamenco-Musik.

Heute kommen Schaulustige und Flamenco-Fans aus allen Breitengraden für einen Sherry und eine Schale andalusischen Jamón Serrano in die Schenke. An den Wochenenden ist sie voller Jugendlicher, die Soul-Musik hören, dann ziehen Stammkunden in das naheliegende Lokal »Venencia«. Vor dem Krieg und noch bis in die siebziger Jahre tauchten hier Sänger und Gitarristen auf, die fachsimpelten oder, nach dem vierten oder fünften Gläschen Fino, den Flamenco-Geist spürten und zu musizieren begannen. »Los Gabrieles« war immer für eine Überraschung gut.

Das Lokal wird in einigen Jahren seinen 100. Geburtstag feiern. Seinen Höhepunkt erlebte es eindeutig vor dem Bürgerkrieg. Hier verkehrten der große Flamenco-Mei-

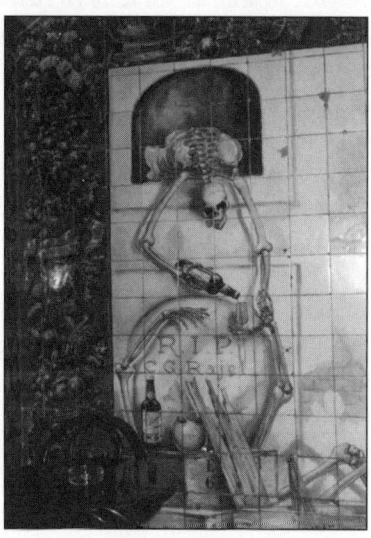

Besondere Werbung in der Pinte
»Los Gabrieles«

ster Antonio Chacón und seine Bewunderer. Zu ihnen gehörte selbst der General und Diktator Miguel Primo de Rivera, der aus Jérez de la Frontera stammte. Auch »La Niña de los Peines«, eine inzwischen mythische Flamenco-Sängerin, deren Hits noch auf verkratzten Platten zu hören sind, ließ sich hier blicken. Es sei auch gesagt, daß sich in den zwanziger Jahren in »Los Gabrieles«, und zwar im Kellergeschoß, die Generäle Franco und Millán Astray mit militärischen Kumpanen versammelten, um ihre Erfolge im Rif-Krieg gegen die Marokkaner zu feiern. José Millán Astray hatte im Krieg einen Arm und ein Auge verloren und 1920 die spanische Fremdenlegion gegründet. Er und Franco galten als besonders tapfer. Heute sind die Kellerräume am vermodern und dienen nur noch als Abstellräume.

> »Das einzige was Dir noch fehlt, um der beste
> aller Toreros zu sein, ist, im Ring zu sterben.«
> »Ich werde mein bestes tun, Don Ramón.«
> DER SCHRIFTSTELLER RAMÓN DEL VALLE-INCLÁN
> IM GESPRÄCH MIT DEM STIERKÄMPFER JUAN BELMONTE

Stammgäste waren auch die Toreros Juan Belmonte und Rafael »El Gallo«, zwei unbestrittene Vorkriegs-Größen. Manchmal stand auch der Mäzen Ignacio Sánchez Mejías in Begleitung von Federico García Lorca an der Theke. Sánchez Mejías stammte aus Sevilla und war eine unwiderstehliche und allen Quellen zufolge tollkühne Persönlichkeit. Er war Theaterautor, Poet, Romancier, Folklorist, Impresario, Polospieler und Rennwagenfahrer in einem. Und dazu ein Freund der Kunst und der Künstler, der größte Förderer der Poeten der Generation von 1927. In jenem Jahr lud er die gesamte Gruppe zu einem Gedenkakt für den Barockdichter Luis de Góngora nach Sevilla ein. Einmal brachte es Sánchez Mejías sogar fertig, Rafael Alberti in einen Stierkampfanzug zu stecken und mit in den Ring zu schleppen, um dem Dichter »die Angst vor dem Stier« zu nehmen, wie er sich ausdrückte. Aus irgendeinem Grund – wurde ihm das Leben zu langweilig? – beschloß Sánchez Mejías 1934, seine frühere Tätigkeit als Torero wieder aufzunehmen und noch einmal in die Arena zu treten. Er war damals immerhin schon 43 Jahre alt.

Theaterautor, Torero, Autorennfahrer: das Multitalent Ignacio Sanchez Mejías

Der Entschluß wurde ihm zum Verhängnis. In der Arena des neukastilischen Städtchens Manzanares riß ihm der Stier »Granadino« ein faustgroßes Loch in den Oberschenkel. 24 Stunden später war Sánchez Mejías tot. Rafael Alberti hat ein Gedicht (Verte y no verte) und García Lorca eine Elegie auf seinen Freund geschrieben, die zu den eindrücklichsten und bedeutendsten spanischen Gedichten des Jahrhunderts zählt. Obsessiv und anklagend kehren Lorcas Verse »A las cinco de la tarde, eran las cinco en punto de la tarde« (Um fünf Uhr nachmittags, es war genau fünf Uhr) wieder. Die Elegie gipfelt im stoischen Satz: »Sie sollen dein Gesicht nicht mit Tüchern bedecken, damit du dich an den Tod gewöhnst.«

16. LIBERTAD 8, DIE GESCHICHTE EINES KUHSTALLS

Das Café an der Calle de Libertad 8 im Altstadtviertel Chueca war ursprünglich in der Tat ein Kuhstall. Vielleicht sollte man es edler ausdrücken. Es war eine »Vaquería«, einer der praktischen Madrider Milchläden, in denen die Verkäufer jeden Morgen und Abend die Milch von Kühen abzapften, die wenige Meter hinter dem Ladentisch standen und dort ihr Leben fristeten. Viele Kunden gaben sogar an, von welcher Kuh sie die Milch wünschten. Zugegeben, sehr hygienisch war diese Methode nicht. In den sechziger Jahren beschloß die Stadtverwaltung denn auch, die »Vaquerías« hätten aus Madrid zu verschwinden. Wandnischen am Eingang des Lokals erinnern daran, sie sollen Futterkrippen gewesen sein. Vom Stall stammen auch die Holzbalken an der Decke von Libertad 8.

Dieses Café liegt an einer ganz besonderen Straße. »Calle de Libertad« – Freiheitsstraße – heißt sie, weil hier ein Frauenkloster des Ordens der Barmherzigkeit stand, dessen Besonderheit es war, Gefangene freizukriegen, wie im Fall von Cervantes. Der Straßenname blieb in der Franco-Zeit bestehen. Für die Gegner des Regimes, die politische Freiheit forderten, übte diese Straße eine magische Anziehungskraft aus. Kommunisten, Anarchisten und Antifaschisten aller Art richteten hier mehr oder weniger versteckte Zellen ein. Eine von ihnen entstand im Erdgeschoß der Nummer 8, die Kommunisten machten aus der verwaisten »Vaquería« eines ihrer Propaganda-zentren. Hinter verschlossenen Türen versammelte sich die kommunistische Sektion der Eisenbahner und stellte auf einer hereingeschmuggelten Druckmaschine Aufrufe und Pamphlete her. Das war in den sechziger Jahren, der Gründerzeit der kommunistischen Arbeiterkommissio-nen (Comisiones Obreras). Aus dieser Zeit stammen eini-ge Bilder der Bar. Verhaftete Kommunisten haben sie im Gefängnis gemalt und dem Lokal vermacht.

Es war nicht verwunderlich, daß der Ort, dem auch eine Weinhandlung angeschlossen war, in der umkämpften Übergangszeit in die Demokratie im Ruf stand, ein Nest der Linken zu sein. 1976 explodierte in der Toilette der Bar eine Bombe und zerstörte einen Großteil der Einrich-tung. Nach einer Zeit des Niedergangs übernahm Ricardo del Olmo, ein baskischer Matrose, der genug von der See hatte, das Lokal. Er möbelte es auf, gab ihm die Hütten-stimmung, die es heute verbreitet, und weitete die künstle-rischen Aktivitäten aus. Im Libertad 8 fanden bei Kaffee und Cocktail nicht mehr nur linke Tertulias statt. Der Sän-ger Luis Pastor half mit, daß auf der kleinen Empore beim Klavier Nachwuchs-Musiker wie Pedro Guerra und Ro-sanna und auch Poeten auftraten. Libertad 8 half entschei-dend zur Renaissance der »Cantautores« mit. Hier begann auch die Epoche der Geschichtenerzähler. Jeweils am Mittwoch- und am Samstagabend, wenn Millionen vor dem Fernseher Fußballspiele glotzen, treten im Café Ge-schichtenerzähler auf – und das Lokal ist voll. Das Publi-kum besteht vorwiegend aus Studierenden. Die Stimmung ist poetisch bis verliebt. Von Zeit zu Zeit nimmt das Fern-sehen oder ein Rundfunksender Programme auf. Auch Schriftsteller kommen und stellen neue Arbeiten vor. Al-mudena Grandes (geb. 1960) las hier aus ihrem erotischen Roman »Die Geschichte Lulus«, Gloria Fuertes erzählte kurz vor ihrem Tod 1998 Kindergeschichten, der scheue und intimistische Julio Llamazares (geb. 1955), der Romane über sterbende Dörfer schrieb, wohnte gleich im Viertel. Der Journalist und Schriftsteller Juan Cruz sang bei guter Laune auf der Bühne. Libertad 8 ist heute eine kleine multikulturelle Welt, in der auch Maler ausstellen, Poeten ihre Verse rezitieren und Tarotmeister Karten lesen. Geschichtenerzähler, Sänger und Stammkunden haben sogar eine Fußballmannschaft gegründet.

Nur hundert Meter von Libertad 8 entfernt liegt die »Taberna Carmencita«, die 1850 eröffnet wurde. Früher war sie ein Treffpunkt von Berühmtheiten. Lorca aß mit seinen Freunden Alberti und Neruda im Lokal, Stierkämpfer wie Bombita und Starlets des nahen Theaters Alhambra feierten hier ihre Erfolge. Zur Zeit der Köchin Carmencita war das Lokal simpel wie ein Landwein aus der Mancha. Doch Carmencita ist uralt und hat sich zurückgezogen.

Heute ist die Taverne ihres Namens bis zum Geschmäcklerischen herausgeputzt und eine gastronomische Adresse ersten Ranges geworden. Der schnauzbärtige baskische Superkoch Patxo Lezama zieht vor allem Geschäftsleute an. Die Liste von Gourmetführern und Reiseagenturen, die an der Eingangstür das Lokal empfehlen, ist lang, und die Anzahl der Kreditkarten, die hier gelten, groß.

17. Ein Hort des freien Geistes: Das Café Manuela

Das »Café Manuela« liegt wie die Bar Libertad 8 in dem politisch ausgesprochen progressiven Viertel Malasaña, das zusätzlich mit anarchistischen Elementen angereichert ist. Im Malasaña herrscht heute, da es von Drogen gesäubert ist, eine lockere und spielerische Stimmung. Oberschüler haben es wie gesagt zu ihrem Vergnügungsviertel gemacht.

In den Übergangsjahren in die Demokratie war Malasaña voller Konflikte. Viele ältere Leute zogen aus den meist bescheidenen Wohnungen aus, aufmüpfige Jugendliche, zur Hauptsache Studenten, nisteten sich darin ein und machten das Viertel zu einer Hochburg von linken Forderungen. Eine davon war die Wiedereinführung des Karnevals, den die Diktatur aus Angst vor Ausschreitungen verboten hatte. Vom Platz des 2. Mai, dem Mittelpunkt des Viertels, zogen die Jugendlichen verkleidet aus und ließen das Fest wieder aufleben. Auf dem Platz verschanzten sie sich auch gegen Schlägertrupps der rechtsradikalen Fuerza-Nueva-Partei, deren Hauptsitz ganz in der Nähe lag, sowie gegen Polizeieinsätze.

Das »Café Manuela« liegt einen Steinwurf vom Platz entfernt, an der Nummer 29 der Straße San Vicente Ferrer. Es ist das Werk von Juan Mantrana, der das Viertel in jenen Jahren künstlerisch und literarisch aufwerten wollte. Mantrana kaufte eine verlotterte Schreinerei auf, ließ die Eisensäulen stehen und kreierte darum herum ein äußerst gemütliches Lokal. Hier finden wir die klassischen weißen Marmortischchen und die dunkelroten Plüschsofas wieder. Teile des Tresens und der Tische stammen vom berühmten Tertulia-Café »Granja del Henar« an der Calle de Alcalá.

Juan Mantrana hatte Zulauf. Bald tauchte Agustín García Calvo, eine der schillerndsten Figuren der Madrider Kulturszene, in seinem Café auf. García Calvo war Anarchist, Poet und Hochschulprofessor. 1965 entzogen ihm die Behörden zusammen mit den Akademiker-Kollegen Tierno Galván und López Aranguren den Lehrauftrag, weil er es gewagt hatte, an der Spitze einer Studentendemo gegen das Regime zu protestieren. Im »Café Manuela« führte er jeden Mittwoch seinen Lehrstuhl weiter. Seine Kurse über die Vorsokratiker und das Thema des Rhythmus sind im Café noch heute in Erinnerung. García Calvos mächtiger Lockenkopf, sein Backenbart und sein Halstuch waren im ganzen Viertel bekannt. Mit Genuß zelebrierte er sein Amt als Volkslehrer. Zu seinen Kursen hatte jedermann Zutritt. Manchmal verwickelte er sich mit Gegnern auch in Handgreiflichkeiten. Sein Kollege López Aranguren war ein gerngesehener Gast im Manuela. Der damals immerhin schon fast 70jährige und bei den Studenten hochangesehene Aranguren pafite im Café auch Haschisch-Joints. Zum Klub der Professoren im Manuela gehörte auch Fernando Savater, von den Schriftstellern erschienen Francisco Umbral, der ironische Valencianer Manuel Vicent (geb. 1936) und Rafael Sánchez Ferlosio (geb. 1927).

Sánchez Ferlosio ist ein ganz besonderer Fall. Sein Vater, der Schriftsteller Rafael Sánchez Mazas, hatte 1933 die Falange-Partei mitbegründet und der Bewegung sogar den Namen gegeben. Er war ein begeisterter Franco-Anhänger und kurze Zeit Minister gewesen. Der Sohn war das Gegenteil, ein linker Rebell. Mit dem Bürgerkriegs-roman »Jarama« setzte er 1956 einen Markstein in der neuen spanischen Literatur. Rebell ist Sánchez Ferlosio geblieben, auch gegen die Sozialisten, die während der Demokratie ans Ruder kamen.

Das »Café Manuela« rühmt sich zu Recht, in der Hauptstadt wieder den Jazz hochgebracht zu haben. An seinem Klavier saßen Agustín Serrano, Vlady Bas und sogar das blinde Genie Tete Montoliu. Die Band »Radio Tarifa« und auch die Zigeunergruppe »Ketama« verdienten sich ihre Sporen mit Konzerten im Manuela. Die Programme im Café sind künstlerisch anspruchsvoll, und die Stimmung ist locker und geistreich. Auch ausländische Gruppen treten gerne hier auf. Die kubanischen Musiker der Nova Trova Santiaguera fühlen sich im Ambiente des Cafés zu Hause, und Georges Moustaki ließ sich gleich vom Flughafen ins Manuela fahren, um Freunde zu treffen und sich seinen Whisky zu genehmigen. Zu den Tertulia-Gruppen zählten auch argentinische Psychoanalytiker, die nach Spanien ins Exil geflohen waren.

Heute beeinflußt die politische Lage das Kunstschaffen nicht mehr. Im »Café Manuela«, das von nachmittags halb vier bis in die Morgenfrühe offen ist, plaudern Nostalgiker von damals und deren kunstliebende Söhne und Töchter und schauen sich bei Kaffee und Cocktails Spektakel an. Die Vorstellungen umfassen beinahe alles – von der einheimischen Volksdichtung bis zu der Wiederkehr der Außerirdischen.

DANKSAGUNG

Der vorliegende Rundgang durch Madrider Lokale und Künstlergeschichten wäre ohne die Mithilfe von Freunden und Fachleuten einiges kürzer und weniger detailreich ausgefallen. Meinen Berufskollegen Luis Carandell, Anton Dieterich, Harry Debelius, Hugo Ferrer und Carlos Galindo danke ich für ihre Ratschläge und Hinweise. Dank für ihre Auskünfte sei auch Milagros Novo, Tomás Mallo Gutierrez, Alejandro Díez de la Torre, Jesús Hernando, Tomás Ontoria, Isabel Contreras, Ricardo del Olmo, Juan Mantrana und Paloma, den Besitzern, Verwaltern und führenden Mitgliedern von Lokalen und Institutionen ausgesprochen. José Bárcena, Ignacio und Valeriano mögen für die vielen Kellner stehen, die über die Geschichte ihrer Etablissements Auskunft gaben. Besonders in Erinnerung halten werde ich Fermín Solana und den Pianisten Manolo.

Alberti, Rafael: *La arboleda perdida*. Barcelona: Círculo de Lectores, 1986

Altabella, José: *Lhardy. Panorama histórico de un Restaurante romántico, 1839–1978.* Madrid: 1985

Armiñán, Luis de: *Biografía del Círculo de Bellas Artes.* Madrid: 1973

Areneo de Madrid: *Memoria 1962–1967*

Broer, Lawrence: *Hemingway's Spanish Tragedy.* Univ. of Alabama Press, 1973

Café Gijón: *100 años de historia. Nombres, vidas, amores y muertes (Homenaje).* Madrid: 1988

Carandell, Luis: *Madrid, al pie de la letra.* Madrid: Avapies, 1981

ders.: *Las habas contadas.* Madrid: Espasa, 1998

Castillo-Puche, José Luis: *Hemingway entre vida y muerte.* Madrid: 1968

Cela, Camilo José: *La colmena.* Madrid: Alianza, 1992

ders.: *Café de Artistas.* Madrid: Alianza Cien, 1994

Díaz Cañabate, Antonio: *Historia de una tertulia.* Valencia: Castalia, 1952

Diez Borque, José María: *Vistas literarias de Madrid entre siglos (XIX–XX).* Madrid: Comunidad de Madrid, 1998

Espina, Antonio: *Las tertulias de Madrid.* Madrid: Alianza Tres, 1995

Flórez, Rafael: *Rámon de Ramones, El libro del Centenario.* Madrid: Ed. Bitácora, 1988

Gibson, Ian: *Vida, pasión y muerte de Federico García Lorca.* Barcelona: Plaza y Janés, 1997

Gómez de la Serna, Gaspar: *Ramón.* Madrid: Taurus, 1963

Gómez de la Serna, Ramón: *Historia de la Puerta del Sol.* Madrid: Almarabu, 1996

ders.: *Pombo.* 2 Bände. Madrid: Ed. Trieste, 1996

Jiménez Fraud, Alberto: *Residentes: Semblanzas y recuerdos.* Madrid: Alianza, 1989

Juliá, Santos, Daniel Ringrose y Cristina Segura: *Madrid, historia de una capital.* Madrid: Alianza, 1994

Lacarta, Manuel: *Madrid y sus literaturas. De la Generación del 98 a la posguerra.* Madrid: Avapies, 1986

Lania, Leo: *Hemingway. Illustrierte Biographie.* München: Kindler-Verlag, 1963

Ontañón, Santiago: *Unos pocos amigos verdaderos.* Madrid: Fund. Banco Exterior, 1984

Pérez Ferrero, Miguel: *Tertulias y grupos literarios*. Madrid: Cultura Hispánica, 1975

Mesonero Romanos, Ramón: *Memorias de un setentón*. Madrid: 1982

ders.: *Escenas Matritenses*. Barcelona: Planeta, 1987

Meyers, Jeffrey: *Hemingway, a biography*. London: Macmillan, 1986

Ramón y Cajal, Santiago: *Charlas de Café*. Madrid: Austral, 1966

Saenz de la Calzada, Margarita: *La Residencia de Estudiantes 1910–1936*. Madrid: CSIC, 1986

Santos Torroella, Rafael: *Dalí residente*. Madrid: CSIC, 1992

Stanton, Esward: *Hemingway en España*. Madrid: Castalia, 1989

Tudela, Mariano: *Cela*. Madrid: Epesa, 1970

ders.: *Valle-Inclán*. Madrid: Vassallo da Mumbert, 1972

ders.: *Aquellas tertulias de Madrid*. Madrid: Avapies, 1984

Umbral, Francisco: *Ramón y las vanguardias*. Madrid: Espasa Calpe, 1996

ders.: *Trilogía de Madrid. Memorias*. Barcelona: Planeta, 1984

ders.: *Travesía de Madrid*. Barcelona: Planeta, 1974

ders.: *Spleen de Madrid*. Barcelona: Planeta, 1973

ders.: *La noche que llegué al Café Gijón*. Barcelona: Destino, 1980

Valdivielso Miquel, Emilio: *El drama oculto. Buñuel, Dalí, Falla, García Lorca, Sánchez Mejías*. Madrid: De la Torre, 1992

Velasco Zazo, Antonio: *Panorama de Madrid. Tertulias literarias*. Madrid: V. Suárez, 1952

ders.: *El Madrid de Fornos*. Madrid: V. Suárez, 1945

ders.: *Florilegio de los Cafés*. Madrid: V. Suárez, 1943

S. 4   aus: *Café Gijón, 100 años de historia,* Edition Kaydeda,
        Madrid 1988
S. 6   aus: *Guia Callejero de Madrid,* Edition Molina, 1986
S. 9   Nicole Herzog-Verrey
S. 10   aus: *Alma Española,* vom 27.12.1903, Hemerothek Madrid
S. 14   Zeichnung von »Goñi« aus: *Tertulias y grupos literarios,*
        Cultura Hispánica, 1975
S. 16   aus: *Aquellas tertulias de Madrid,* Avapies, Madrid 1984
S. 26   Nicole Herzog-Verrey
S. 31   aus: *Lhardy, 1839–1989,* Madrid 1989
S. 35   aus: *Lhardy,* Madrid 1985
S. 36   Zeichnung von »Goñi« aus: *Tertulias y grupos literarios,*
        Cultura Hispánica, 1975
S. 40   aus: *Ramón,* Taurus-Verlag, Madrid 1963
S. 47   Zeichnung von »Goñi« aus: *Tertulias y grupos literarios,*
        Cultura Hispánica, 1975
S. 51   Nicole Herzog-Verrey
S. 58   aus: *Centenario de la sede del Ateneo,* Madrid 1984
S. 73   aus: *Hemingway's Spanish Tragedy,* University of Alabama
        Press, 1973
S. 77   Nicole Herzog-Verrey
S. 90   Nicole Herzog-Verrey
S. 95   aus: *Tranvía,* Heft Nr. 50, *Federico García Lorca,* Berlin
S. 97   aus: *El drama oculto,* Edition de la Torre, Madrid 1992
S. 99   aus: *Café Gijón, 100 años de historia,* Edition Kaydeda,
        Madrid 1988
S. 103 Zeichnung von Alvaro Cebreiro
S. 107 Nicole Herzog-Verrey
S. 112 aus: *Antonio Mingote,* Circulo de Lectores, Madrid
S. 121 Nicole Herzog-Verrey
S. 123 aus: *El drama oculto,* Edition de la Torre, Madrid 1992

Dank an Nicole Herzog-Verrey für die freundliche Überlassung
ihrer Fotografien. Die Abbildungen erscheinen mit freundlicher
Genehmigung der Rechteinhaber. Berechtigte Ansprüche werden
im Rahmen des Üblichen abgegolten.

Die Deutsche Bibliothek – CIP-Einheitsaufnahme

Herzog, Werner:
Die Dichter von Madrid : Ein literarischer Streifzug
durch Cafés und Bars / Werner Herzog. - Hamburg :
Rotbuch-Verlag, 1999
   (Für den Armchair-Traveller und für unterwegs)
   ISBN 3-434-54503-4

© Europäische Verlagsanstalt / Rotbuch Verlag, Hamburg 1999
Umschlaggestaltung: + malsy, Bremen
unter Verwendung eines Fotos von Nicole Herzog-Verrey
Herstellung: Das Herstellungsbüro, Hamburg
Druck und Bindung: Druckerei Wagner, Nördlingen
Printed in Germany
Alle Rechte vorbehalten
ISBN 3-434-54503-4

... für den Armchair Traveller

Das andere Reisebuch

bei ROTBUCH

Peter Costello
Die Pubs der Dichter
Literarische Kneipen-Tour
durch Dublin
Broschur, 127 Seiten

Hans Christian Andersen
In Spanien
Gebunden mit Schutzumschlag
272 Seiten

Horst Laube
Doppelgänger auf Borneo
Auf den Spuren
von Almayers Wahn
Gebunden mit Schutzumschlag
198 Seiten

Nagib Machfus
Mein Ägypten
Mit zahlreichen Fotos
Klappenbroschur, 133 Seiten

Michael Lüders
Das Lächeln des Propheten
Eine arabische Reise
Gebunden mit Schutzumschlag
256 Seiten

Ursula Rütten (Hrsg.)
Belgrad, mein Belgrad
Sechs Autoren porträtieren
ihre Stadt
Broschur, 224 Seiten

Tim Kelsey
Gesichter der Türkei
Von Istanbul bis Kurdistan
Broschur, 392 Seiten

Werner Herzog
Die Dichter von Madrid
Ein literarischer Streifzug
durch Cafés und Bars
Broschur, 270 Seiten

Paolo Tullio
Nördlich von Neapel,
südlich von Rom
Broschur, 270 Seiten

Marcello D'Orta
Am liebsten Neapel
Streifzüge durch meine Stadt
Broschur, 220 Seiten

Peter-Paul Zahl
Geheimnisse der
karibischen Küche
Geschichte, Gegenwart, Genuß –
Von Jamaica bis Curaçao
Broschur, 248 Seiten

Elfie Siegl
Russischer Bilderbogen
Reportagen aus einem
unbegreiflichen Land
Broschur, 243 Seiten

ROTBUCH VERLAG · HAMBURG